A MISSÃO DE IBIAPABA

P.e ANTÓNIO VIEIRA

A MISSÃO DE IBIAPABA

PREFÁCIO
Eduardo Lourenço

POSFÁCIO
João Viegas

ORGANIZAÇÃO
António de Araújo

ALMEDINA

A MISSÃO DE IBIAPABA

COORDENADOR
ANTÓNIO DE ARAÚJO

EDITOR
EDIÇÕES ALMEDINA, SA
Rua da Estrela, n.º 6
3000-161 Coimbra
Tel.: 239 851 904
Fax: 239 851 901
www.almedina.net
editora@almedina.net

PRÉ-IMPRESSÃO • IMPRESSÃO • ACABAMENTO
G.C. – GRÁFICA DE COIMBRA, LDA.
Palheira – Assafarge
3001-453 Coimbra
producao@graficadecoimbra.pt

Julho, 2006

DEPÓSITO LEGAL
240813/06

Os dados e as opiniões inseridos na presente publicação
são da exclusiva responsabilidade do(s) seu(s) autor(es).

Toda a reprodução desta obra, por fotocópia ou outro qualquer processo,
sem prévia autorização escrita do Editor,
é ilícita e passível de procedimento judicial contra o infractor.

ÍNDICE

PREFÁCIO – Vieira ou tempo barroco
    Eduardo Lourenço   7

Relação da Missão da Serra de Ibiapaba   21

POSFÁCIO – O Padre António Vieira
    e o Direito dos Índios
    João Viegas   91

PREFÁCIO(*)

Vieira ou o tempo barroco
Eduardo Lourenço

O autor de *A missão de Ibiapaba*, ao mesmo tempo narrador e principal actor dos acasos da evangelização numa região da América, então quase inacessível, sob jurisdição do rei de Portugal, é não apenas um missionário empenhado da Companhia de Jesus, mas um orador de excepção, uma personalidade política de primeiro plano e o mais ilustre dos escritores portugueses do seu tempo. Falo, naturalmente, de António Vieira. Ainda hoje somos sensíveis ao encantamento e ao poder da sua escrita, num texto de circunstância, desprovido de qualquer pretensão literária, contrariamente aos sermões que lhe deram reputação como pregador, em especial os que pronunciou na corte, em Lisboa, ou em Roma, perante o Papa.

O interesse deste relato ultrapassa quer o quadro do testemunho histórico de um episódio, no fim de contas

(*) Tradução do francês de António de Araújo.

banal, do processo de colonização-evangelização (à época, realidades indissociáveis), quer do estatuto anacronicamente literário que lhe poderíamos facilmente reconhecer. Na verdade, o relatório da missão de Ibiapaba vale menos por aquilo que descreve ou mesmo pelo seu estilo bem moderno – marcado por uma ausência de afectação a que não são alheios uma grande lucidez e mesmo a ironia ou o humor – do que pelo tipo de olhar que António Vieira lança sobre a "questão índia". Esta questão corresponde ao conjunto das perplexidades, mas também ao das resistências reais, suscitadas pela relação entre colonizadores – sejam ou não missionários – e a cultura índia. Tantos anos depois de Las Casas, a famosa "questão índia", em vez de ter sido resolvida, adquirira novas dimensões, verdadeiramente inextricáveis.

De uma forma quase espontânea, é frequente comparar-se o estatuto de Las Casas, que já na sua época se tornara o "defensor dos Índios", e o de António Vieira, que é louvado, a justo título, pelo seu combate a favor da dignidade dos Índios e dos seus direitos enquanto súbditos do rei de Portugal, seu legítimo soberano. Aparentemente, os combates de Las Casas e de António Vieira respondem a uma dificuldade e a uma situação análogas, decorrentes do confronto com um novo género, que emergiu desde o dia em que Colombo desembarcou nas Antilhas. Os mares oceânicos foram mais fáceis de atravessar do que o abismo de incompreensão cavado, por assim dizer, desde o início, e que perdura até aos nossos dias. De um lado, uma civilização e uma cultura que se vêem e entendem como naturalmente universais, convencidas da sua origem e genealogia divinas; do outro, uma nova humanidade de que ainda se não conhecia a língua e cujos códigos eram rejeitados quando se julgava adivinhá-los ou conhecê-los. Em suma – e, pelo menos, nas suas consequências práticas –, trata-se da erupção do Outro no momento em que é descoberto. Na verdade, as coisas foram mais complexas, e se, para retomar o título mítico de Las Casas, ocorreu uma "destruição dos índios" (que persiste até aos nossos dias), ela foi acompanhada, desde o início, de uma permuta, sem dúvida feita na base da violação, mas de onde nasceu, se não o novo mundo entrevisto no momento da descoberta, um outro mundo que é actualmente o das duas Américas.

Las Casas e Vieira ocupam dois lugares distintos, apesar da similitude das suas intervenções enquanto actores de uma tragédia que os ultrapassava – como, aliás, ultrapassava a todos. Apenas Las Casas compreendeu até que ponto o encontro entre os europeus e os índios era uma fonte de tragédia e, em última análise, sem solução, como verdadeira tragédia. À semelhança de Colombo, Las Casas dirigiu-se ao Novo Mundo sonhando com o Paraíso. Pertence à geração do Almirante, de que será o insubstituível cronista e apologista. No decurso dos primeiros anos do século XVI, é um colono que partilha as ambições e as ilusões dos que rumam às Antilhas, deslumbrados pelos sonhos loucos e ruinosos de Colombo. Uma vez aí chegado, perante o espectáculo da crueldade dos outros espanhóis, sensível aos protestos de Montesinos, muda de vida. Verdadeiramente, converte-se; desposa "a causa dos Índios", como lhe dirão frequentemente em jeito de crítica. Tornado dominicano, como se sabe, o futuro bispo de Chiapas – um nome de que ainda hoje se ouvem os ecos – entregar-se-á com tenacidade – alguns dirão mesmo com obstinação – a pleitear junto dos reis de Espanha e, depois, de Carlos V, a causa dos novos súbditos de Sua Majestade, contra os colonos cuja sobrevivência e o sucesso no Novo Mundo exigem a exploração desta nova espécie de pessoas a que se chegou a negar a condição "humana".

O combate de Las Casas foi frequentemente invocado – sobretudo durante o liberal século XIX – como o de um herói romântico. Foi um combate heróico, tenaz, conduzido em nome de uma tradição teológica e jurídica perfeitamente ortodoxa. Poder-se-ia mesmo qualificá-la de "imperial", se tal for entendido como a recusa de conceder a Roma o direito e o poder de atribuir as "novas terras" aos reis e aos príncipes, assim se justificando a expropriação dos nativos (neste caso, os Índios). A Europa e, mais importante, a Igreja não se encontravam ainda divididas quando Las Casas empreende a sua luta pelo direito de os Índios disporem livremente das suas terras. Quer como sujeito político, quer como sociedade, a Espanha da altura não se encontrava ainda na defensiva. Las Casas viverá tempo suficiente para ver a Europa e a Igreja expostas a uma divisão sem precedentes, criada pelo desenvolvimento da Reforma. Mas isto não mudará a sua atitude. A sua "defesa dos Índios" terá sempre a marca de uma cultura ainda unificada, com profundas ressonâncias medievais, ou seja, argumentativa quanto aos meios e maravilhosamente cristã quanto aos fins.

O tempo de Vieira é completamente diferente. Em todos os planos (teológico, ético ou político) o tempo barroco não é, como temos tendência de o imaginar, fechado sobre si próprio, quase atemporal, ancorado na confiança em Deus. Na verdade, este tempo, aparentemente tão unido, é um tempo intimamente fragmentado, inquieto, que exige incessantemente regressar à sua origem. Mas o seu segredo está bem guardado. A Fé, a nova Fé, repousa sobre a vontade. A Igreja Católica, por certo, guarda em si todos os seus tempos. Mas a de António Vieira, a da Companhia de Jesus, surgiu, desde o início, como igreja militante. Num sentido forçadamente metafórico, era a muralha de uma Igreja amputada, em luta consigo própria, e de uma Europa em parte "perdida" para ela.

Só a Providência tinha o poder, graças a esta milícia por excelência, de ultrapassar este revés, esta ferida que não nascera simplesmente do inapto espírito do Mal, mas do próprio Deus, mestre do mundo e da História. A História contava-se sempre a partir do Pecado Original, que a havia posto em movimento, e estava interiormente suspendida pelo sacrifício do próprio Deus. Mas um fenómeno como o protestantismo deveria aparecer a uma cultura como a de Inácio de Loyola e, de maneira diferente, à de António Vieira – mais enérgico que o seu mestre – como uma espécie de segunda queda. Destinada, sem dúvida, ao despertar do Homem e – porque não? – a um segundo e definitivo triunfo de Cristo, que deveria ocorrer não aqui – como um dia a Inquisição lhe haveria de censurar – mas lá em baixo, espaço e tempo ainda não desvendados e de que o advento de milhares de almas em terras desconhecidas seria o prenúncio.

Oferecer à Igreja novos fiéis para substituir as ovelhas perdidas, encontrar na Ásia, no Brasil, aquilo que se havia perdido na Alemanha, em Inglaterra, na Holanda, na Suécia e, ao mesmo tempo, consolidar as nações fiéis, a Espanha e Portugal – devendo este, antes de mais, conceder à Companhia a sua protecção – tudo fazia parte de um só projecto. Ninguém como António Vieira parecia predestinado, num tempo, aliás, mais turbulento que o dos primeiros apóstolos da Companhia (Francisco Xavier, os mártires do Japão), a ser o laço entre os dois mundos, o da Europa e o do Brasil – terra que era também a sua, pela sua educação, pelo seu coração – pois que o tempo de Manuel da

Nóbrega e de Anchieta já tinha passado. Mas António Vieira poderia ser o seu conversor e, de certa forma, o seu salvador.

Enquanto missionário e enquanto português, a relação de Vieira com o Brasil é bem diferente da de Las Casas com o Novo Mundo, num momento em que ainda se procurava este último e a Espanha buscava desenvolver um projecto imperial. Para António Vieira, a colonização, ao colocar questões de natureza cultural, ética e política quando a Europa descobria novas terras, não tinha mais razão de ser. Por outro lado, a colonização portuguesa jamais se confrontou com aquelas questões. O Novo Mundo, em meados do século XVII, é já visto como um "prolongamento" da Europa. Espaço geográfico e político que tinha de ser protegido, ordenado e, acima de tudo, defendido da cobiça de outras nações, inimigos políticos ou potências comerciais rivais de Espanha e de Portugal. Que o Brasil do século XVII seja o fruto de uma colonização-conquista não coloca qualquer problema a António Vieira, ao missionário da Companhia que aí se havia instalado há quase um século. Quando muito, constata ele, numa fórmula realista e crítica, pensando que as novas terras estão abandonadas quer no plano temporal, quer no plano espiritual, o Brasil "é uma conquista que reclama ser conquistada". O seu papel, à semelhança do dos seus companheiros, na Baía, em São Paulo, no Maranhão, era conduzir ao cristianismo uma parcela numerosa da humanidade que o desconhecia. Antes que fosse demasiado tarde e que as almas dos Índios não estivessem perdidas quer para a Igreja, quer para o rei de Portugal de que ele é não apenas súbdito (após a Restauração), mas um conselheiro escutado e, sem que isso prejudique a sua qualidade de missionário, um agente diplomático de excepção. A sua cultura, os seus dons oratórios, a sua incrível habilidade, o seu gosto pelos negócios e pela política, torná-lo-ão, no momento em que um Portugal restaurado luta pela sobrevivência no contexto profano, um personagem de primeira grandeza. O mais notável da sua época, assinala João Lúcio de Azevedo, o seu "descobridor" moderno.

Quando Portugal recupera a sua independência, em 1640, o Brasil torna-se o teatro de uma luta cujo desfecho se assume, aos olhos de António Vieira, decisivo quer para o destino de Portugal como nação, quer para o catolicismo no Novo Mundo. A região açucareira de Pernambuco suscita, desde há muito, a cobiça dos Holandeses que, após uma tentativa de conquista da Baía, a capital do Brasil na altura, acabam por se instalar duradouramente no Recife, onde criam, nas palavras de António Vieira, uma "nova La Rochelle". O patriota que é o autor dos *Sermões* sofre tanto mais quanto os recém-chegados são protestantes, hereges. Se lermos cuidadosamente a sua *Relação*, apercebemo-nos de que António Vieira está bem consciente não apenas da superioridade marítima dos Holandeses, mas também da sua habilidade em chamar para a sua causa os Índios, a ponto de os tornar seus aliados.

Vemos, assim, até que ponto se alteraram os dados da evangelização do século XVI. Agora, prolonga-se além-oceano o confronto entre catolicismo e protestantismo. E foi este confronto que levou precisamente a Companhia – de modo mais ou menos consciente – a considerar a conquista espiritual dos Índios como uma reparação providencial do golpe sofrido na Europa. A situação é inédita. Ela acrescenta um suplemento de singularidade e sobretudo novas dificuldades às enfrentadas pela evangelização tradicional. Era necessário, como no tempo de Nóbrega e de Anchieta, arrancar os Índios da sua barbárie sempre emergente, mas também arrancar um grande número, "conquistado" pelos Holandeses – de que Vieira traça um retrato implacável –, ao fascínio que a cultura protestante e a sua religião mais permissiva – no fundo, uma outra concepção de liberdade – exercia sobre eles.

O relato de António Vieira, à semelhança de toda a sua experiência no Maranhão, é, em filigrana, o testemunho de um desaire que, somente se for lido a outra luz – a dos fins misteriosos da Providência –, pode ser convertido em epopeia para a "mais alta glória de Deus". O seu combate em favor dos Índios, parcialmente perdido, tem semelhanças com o de Las Casas, mas o espírito da sua acção, a visão que a determina, é totalmente distinto. As controvérsias do século XVI, o século de Las Casas ou de Sepúlveda, eram controvérsias europeias onde o Outro – e as questões que ele colocava – não tinha lugar. Las Casas resolve, em nome do Índio, as questões que ele suscita à cultura do conquistador, mas o Índio ainda não coloca questões ao seu conversor. A verdadeira originalidade do relato de António Vieira está na presença da voz do Índio. Esta é narrada sob a forma de sonhos que podemos interpretar, ao modo do próprio Vieira, seja como manifestações da "graça", seja como temíveis ardis do demónio. Através das narrativas destes sonhos ou das questões colocadas pelos Índios, pondo em causa a própria essência da visão que os missionários com eles queriam partilhar, não pode deixar de se ouvir a voz de António Vieira, suspensa no mais profundo de si própria, entre o choque da luz e das trevas. Como se fosse um Voltaire – ainda que inconsciente –, Vieira confere aos seus "cândidos" Índios uma lucidez tremenda na recusa em aceitar os mistérios ou as crenças que a seus olhos pareciam inadmissíveis ou tão repugnantes como os do Inferno.

Por outro lado, o século XVII foi, sob a égide de Leibniz, uma época voluntariamente optimista. Mas tal não sucedeu nas pátrias de Graciano e de António Vieira, os dois maiores génios da Companhia nesse século. O seu optimismo, se assim lhe poderemos chamar, é um optimismo transcendente. A alvura das nossas igrejas do Brasil lá está para testemunhar um sonho do Paraíso que é o inverso dos seus ornamentos – a realidade do mundo e da humanidade afogados nas trevas da ignorância e do mal, praticamente invencíveis. Estamos bem longe da visão ainda medieval de Las Casas. Só a Graça de Deus, invocada como uma espécie de milagre permanente, evita o mergulho no caos ou mesmo o desespero dos evangelizadores perdidos em terras inóspitas, no seio de povos que não pediram para ser esclarecidos e muito menos salvos. Na verdade, estes soldados de Cristo, tal como aqui os descreve António Vieira, não são conquistadores protegidos na sua missão pela presença de colonizadores ou de representantes do rei. Estão sós, fazendo um serviço que lhes foi ordenado, para instruir os bárbaros, ou os pagãos de uma espécie desconhecida, na única fé verdadeira, a que lhes revela o seu parentesco com o próprio Deus e os subtrai à influência do demónio, abrindo-lhes as portas da felicidade eterna. Praticamente desconhecendo a língua dos autóctones, estes homens que, para mais, possuíam uma cultura vasta e refinada – ministrada pela Companhia –, contavam menos com o seu poder de persuasão do que com o efeito dos seus actos, da sua caridade, que se assemelhava a uma pedagogia mágica. Cumpriam à letra a parábola do semeador. Não era por sua causa que a palavra de Deus enfrentava resistências. Queriam ter podido criar com os Índios laços duradouros, fixá-los, impedir que, uma vez tocados pela fé, retornassem aos seus bárbaros costumes, visto que, ao contrário de Las Casas, era assim que os encaravam e suportavam.

Temos dificuldade, pela nossa parte, em nos colocarmos no lugar destes singulares semeadores da palavra de Deus, que se regozijavam quando as crianças baptizadas ou os adultos convertidos deixavam este mundo. Mas tal não nos parecerá assim tão extraordinário se tivermos presente o sentimento pessimista que impregna a visão barroca do mundo. Não é de estranhar que as orações fúnebres, como as de Bossuet ou de Vieira, sejam os momentos por excelência onde se expunha aquela visão, sob o duplo registo da vacuidade deste mundo e do esplendor do outro. Mas aquilo que na Europa correspondia a uma dramaturgia cultural perfeitamente inteligível assumia nos sertões do Maranhão algo de extravagante, de onírico, quase de insano. Ópera ou requiem sem espectadores. Salvo Deus. E isto era o bastante para estes homens, que, trabalhando para a salvação das almas de uma humanidade renitente às suas ofertas caridosas, procuravam quase deliberadamente o martírio.

No seu relato, António Vieira não esquece este martirológio, que narra sem realce. Sob a sua pena clarividente, aquele não tinha mais a ressonância triunfalista do clássico martirológio cristão, o da Igreja primitiva que retirava do sangue dos santos a sua força e o seu esplendor. Há algo de sombrio neste relato dos trabalhos e dos esforços deste punhado de missionários de que ele próprio, homem de confiança do rei e orador célebre, fazia parte. Compreende-se que o autor, actor deste gesto anónimo, condenado ao insucesso ou a um sucesso mitigado segundo a opinião deste mundo, seja também aquele que, ao mesmo tempo, se entrega à concepção de um mundo outro, o verdadeiro reino de Deus, de que será o novo Isaías. O advento do Quinto Império, a meio caminho entre o céu e a terra, cumprindo a missão – atribuída por Deus aos reis de Portugal – de impor a lei de Cristo ao mundo inteiro, é uma espécie de imagem invertida do meio-revés providencial da epopeia missionária da Companhia no Novo Mundo. Não é particularmente esclarecedora a ligação do Quinto Império a outros sonhos messiânicos ou utópicos de que a cultura do Ocidente é fértil. Ele corresponde ao devaneio imperial português no momento exacto em que Portugal se liberta do seu cativeiro da Babilónia e em que o imperialismo bem activo da nova Europa não católica se expande pelo mundo. O império de Portugal, o seu império real, dissipa-se no seu crepúsculo. Mas sob o sol que se põe brilha um outro império, oposto ao mundo, como o sonhará a seu tempo Pessoa; o império que Vieira, apóstolo de um Deus ao mesmo tempo todo-poderoso e insondável, erige "sobre as ruínas da realidade". Com estas ruínas – a sua experiência de glória mundana e de insucessos –, auxiliado não apenas pelos seus dons de visionário mas também por uma linguagem que jamais deixa de espantar e fazer sonhar os que penetram no seu jardim de metá-foras, oferece-nos a essência de uma palavra que só consegue apreender o sentido da realidade no espelho de Deus. Como se fosse a sua sombra.

RELAÇÃO DA MISSÃO DA SERRA DE IBIAPABA(*)

I

Primeiros missionários da Companhia de Jesus que do Brasil passaram por terra ao Maranhão; seus trabalhos. Morre na empresa o venerável P.ᵉ Francisco Pinto e outros

Pelos anos de 1605, sendo já pacificadas as guerras que em Pernambuco foram mui porfiadas da parte dos naturais, pelas violências de certo capitão português, se tornaram a pôr em armas todos os índios avassalados

---

(*) Versão publicada no volume V das *Obras Escolhidas* do Padre António Vieira, na edição de HERNÂNI CIDADE e ANTÓNIO SÉRGIO (Livraria Sá da Costa, Lisboa, 1951).

Nota – Em carta a D. Afonso VI, datada de 28 de Novembro de 1659 (ou, segundo outro Ms., de II de Fevereiro de 1600) diz Vieira:

«Estes índios de Ibiapaba (...) por espaço de 24 anos, em que esteve tomado Pernambuco, foram não só aliados, mas vassalos dos Holandeses e ainda cúmplices das suas heresias; mas depois que foram em missão a esta gente dois religiosos da Companhia, que residem sempre com eles, sobre estarem convertidos à Fé os que eram gentios e reconciliados com a Igreja os que eram cristãos, assim eles como todos os outros índios daquela costa estão reduzidos à obediência de V. M. e ao comércio e amizade dos Portugueses, e ainda a viver nas mesmas terras do Maranhão, aonde muitos se têm passado.» Alude depois a carta ao perigo em que se tinha encontrado o Estado do Maranhão, cercado pelas *formidáveis*

que havia desde o rio Grande até o Ceará, onde ainda não tínhamos a fortaleza que hoje defende aquele sítio. E como em todo o Brasil tinha mostrado a experiência o particular talento e graça que Deus deu aos religiosos da Companhia de Jesus para compor os ânimos desta gente, a petição do Governador do Estado, que então era Diogo Botelho, foi nomeado para esta empresa o P.e Francisco Pinto, varão de grandes virtudes e muito exercitado e eloquente na língua da terra, e por seu companheiro o P.e Luís Figueira. Era o P.e Francisco Pinto muito aceito aos Índios pela suavidade do seu trato e pelo modo e indústria com que os sabia contentar; e sobretudo o fazia famoso entre eles um novo milagre, com que poucos dias antes, indo o padre a

nações – Tobajaras da Serra e Nheengaíbas. Agora estão *não só conquistadas e avassaladas* (...) *senão inimigas declaradas e juradas dos Holandeses*, e tudo pela acção rápida *de tão poucos homens desarmados, que em poucos dias obtiveram o que tantos governadores em mais de* 20 *anos, com soldados, com fortalezas, com presídios e com grandes despesas sempre deixaram em pior estado.* Disto conclui o jesuíta que tudo se faz «para que acabe de entender Portugal e se persuadam os reais ministros de V. M. que os primeiros e maiores instrumentos da conservação e aumento desta Monarquia são os ministros da pregação e propagação da Fé, para que Deus a instituiu e levantou no Mundo.»
A serra aonde Vieira levou o seu apostolado, uma das principais do Brasil, é a cordilheira Borborema, uma das principais do Brasil, que depois de percorrer longo espaço na direcção E. O., vai terminar no Ceará, perto da costa, entre os rios Camuci, que nela nasce, e Paranaíba, onde toma o nome de Ibiapaba.

uma missão, acompanhado de muitos; e morrendo todos à sede em uns desertos, sendo as maiores calmas do Estio, com uma breve oração que o padre fez ao Céu, pondo-se de joelhos, no mesmo ponto choveu com tanta abundância que, alagados os lugares mais baixos daquelas campinas, que eram muito dilatadas, houve em todas elas por muitos dias de caminho água para todos. Com estas assistências tão manifestas do Céu foram recebidos os padres como embaixadores de Deus e não do Governador do Brasil, e sem haver entre todos aqueles índios, posto que agravados nas vidas, nas honras e nas liberdades, quem pusesse dúvida a tudo o que o padre lhes praticou, puseram logo em suas mãos as armas, e nas de El-rei e de seus governadores a obediência, a que dali por diante nunca faltaram.

Concluída tão felizmente esta primeira parte da sua missão, traziam os padres por ordem que intentassem os sertões do Maranhão, que naquele tempo estava ocupado pelos Franceses, apalpando a disposição dos índios seus confederados, e vendo se os podiam inclinar à pureza da Fé Católica, que entre os Franceses estava mui viciada de heresias, e à obediência e vassalagem dos reis de Portugal, a quem pertenciam aquelas conquistas. Assim o fizeram logo os padres, sendo eles os primeiros pregadores da Fé e ainda os primeiros portugueses que do Brasil passaram às terras do Maranhão. E marchando por terra com grandes trabalhos e dificuldades, por irem abrindo o mesmo caminho que se havia de andar, chegaram enfim às terras de Ibiapaba, onde viviam, como acasteladas, três grandes povoações de índios Tobajaras debaixo do principal Taguaibunuçu, que quer dizer *demónio grande;* e verdadeiramente se experimentou depois sempre nesta missão; que residia ou presidia naquele sítio, não só algum demónio, senão grande demónio, pela grande força, grande astúcia, grande contumácia com que sempre trabalhou e ainda hoje trabalha, por impedir os frutos e progressos dela. Levantaram os padres igreja na maior povoação da serra, sem contradição dos naturais, antes com grandes demonstrações de contentamento, e enquanto insistiam quotidianamente na instrução dos adultos e declaração dos mistérios da nossa santa Fé, com grande fervor dos mestres e dos ouvintes, conhecendo uns e outros de quanta importância seria para a conservação e aumento desta nova conquista de Cristo ter pacificadas e quietas as nações bárbaras de Tapuias, que cercavam e infestavam os arredores da serra, trataram os padres no mesmo tempo de trazer a si com dádivas todas estas nações feras, e fizeram pazes entre eles e os Tobajaras, sendo os mesmos padres os medianeiros, e ficando como por fiadores de ambas as partes. Mas debaixo deste nome de paz, traçando-o assim o Demónio, sem mais ocasião que a fereza natural destes brutos, entraram um dia de repente pela aldeia e pela igreja os chamados Tocarijus, e estando o P.e Francisco

Pinto ao pé do altar para dizer missa, sem lhe poderem valer os poucos índios cristãos que o assistiam, com frechas e partazanas, que usavam de paus mui agudos e pesados, lhe deram três feridas mortais pelos peitos e pela cabeça, e no mesmo altar onde estava para oferecer a Deus o sacrifício do corpo e sangue de seu Filho, ofereceu e consagrou o de seu próprio corpo e sangue, começando aquela acção sacerdote, e consumando-a sacrifício.

Com a morte ou martírio do P.ᵉ Francisco Pinto, cuja sepultura Deus fez gloriosa com o testemunho de muitos milagres que se deixam para mais larga história, o P.ᵉ Luís Figueira, ficando só e sem língua, porque ainda a não tinha estudado, se retirou por ordem dos superiores para o Brasil, tão sentido porém de não ter acompanhado, na morte, como na vida, ao padre a quem fora dado por companheiro, e com tanta inveja daquela gloriosa sorte, que logo fez voto de voltar, quando lhe fosse possível, a levar por diante a mesma empresa e buscar nela o mesmo género de morte, que Deus então lhe negara, ao que ele dizia, por indigno. Mas ambos estes desejos cumpriu Deus depois a este grande zelador de seu serviço; porque no ano de 1623, sendo já de maior idade o P.ᵉ Luís Figueira e tendo ocupado com muita satisfação os maiores lugares da Província, veio outra vez à missão do Maranhão, onde trabalhou por espaço de catorze anos com grande proveito das almas dos Portugueses e dos índios; e levando-o o mesmo zelo a Portugal, a buscar um grande socorro de companheiros, que o ajudassem a trabalhar nesta grande seara, partindo de Lisboa e chegando à barra do Grão-Pará no ano de 1643, com onze ou quinze religiosos, que trazia consigo, foi cair nas mãos dos tapuias Aroãs, da boca do rio das Amazonas, onde ele e os mais foram primeiro mortos com grande crueldade, e depois assados e comidos daqueles bárbaros.

II

Vingam os Tobajaras a morte do seu pastor. Entram os Holandeses em Pernambuco; reduzem a seu partido os Índios, que com esta comunicação se corrompem mais nos seus costumes. Sua barbaridade

Este foi o glorioso e apostólico fim que tiveram os dois primeiros missionários do Maranhão e da serra de Ibiapaba e os que puseram as primeiras plantas nesta nova vinha. Dos frutos que nela deixaram os padres, parte em flor, parte em agraço, não se logrou mais que o nome e cristãos com que alguns ficaram e outros depois receberam, continuando em tudo o mais como gentios. Tiveram, porém, lembrança de vingar a morte de seu pastor, na qual se mostraram tão cavaleiros que, fazendo guerra em toda a parte aos Tucarijus, apenas deixaram desta nação quem lhes conservasse o nome e a memória. Assim viveram os Tobajaras[1] da serra gentios sobre catecúmenos, até ano de 1630, em que os Holandeses ocuparam Pernambuco e pouco depois se fizeram senhores da fortaleza do Ceará, e reduziram a si todos os índios aquela vizinhança. O trato que os da serra tiveram com os Holandeses não foi sempre o mesmo; porque até o ano de 1642 foram seus confederados; e a este título os acompanharam na guerra do Maranhão, pelejando nela contra os Portugueses e contra os Tobajaras que lá havia de sua própria nação; mas voltaram desta guerra tão pouco satisfeitos do valor e fortuna dos Holandeses, que se resolveram a vingar neles as vidas dos que naquela empresa tinham perdido, e o fizeram com tanto sucesso e resolução, que, na fortaleza que tinham feito no Camuci, por engano, e na do Ceará à escala vista, passaram todos à frecha e à espada.

Pode contudo tanto a indústria e manha dos Holandeses que, com dissimulação e liberalidade, tornaram depois a reconciliar os ânimos desta gente, e não só a fizeram amiga, mas a renderam e sujeitaram de maneira que quase se deixaram presidiar deles em suas aldeias, não havendo nenhuma em que não tivessem, como de sentinela, alguns holandeses.

---

[1] O nome desta tribo aparece escrito *Tobajarás, Tubajarás* e *Tabajarás*. Laudelino Freire e J. L. de Campos em seu *Dicionário*, dão as formas *Tobajaras e Tabajaras*.

Com a comunicação e exemplo e doutrina destes hereges, não se pode crer a miséria a que chegaram os pobres Tobajaras, porque dantes, ainda que não havia neles a verdadeira Fé, tinham contudo o conhecimento e estima dela, a qual agora não só perderam, mas em seu lugar foram bebendo com a heresia um grande desprezo e aborrecimento das verdades e ritos católicos, e louvando e abraçando em tudo a largueza da vida dos Holandeses, tão semelhante à sua, que nem o herege se distinguia do gentio, nem o gentio do herege.

Os males que, saindo desta sua Rochela (²), fizeram em todo este tempo os Tobajaras da Serra, não se podem dizer nem saber todos, que eles os sepultavam dentro em si mesmos. É toda esta costa cheia de muitos baixos, que com o vento e correntes das águas se mudam frequentemente; e foram muitos os navios de diferentes nações que aqui fizeram naufrágio, os quais eram despojos da cobiça, da crueldade e da gula dos Tobajaras, porque tudo o que escapava do mar vinha cair em suas mãos, roubando aos miseráveis naufragantes as fazendas, tirando-lhes as vidas e comendo-lhes

---

(²) *La Rochelle*, cidade francesa da costa atlântica, que, dominada pelo Calvinismo desde 1554, foi uma espécie de república independente dos Huguenotes, seita protestante, só em 1628 tendo sido submetida por Richelieu. É comparável com esse baluarte protestante a região a que Vieira alude, por conservar fielmente os costumes holandeses.

os corpos. E depois que a experiência ensinou aos marreantes a se livrarem dos perigos da costa, inventou nela a voracidade e cobiça desta gente outro género de baxios, e mais cegos; em que muitos faziam o mesmo naufrágio. Iam os mais ladinos deles aos navios que passavam de largo, prometiam grandes tesouros de âmbar pelo resgate das mercadorias que levavam, e, quando saíam com elas em terra os compradores, sucedia-lhes o que nestes últimos anos aconteceu a uma nau da Companhia da Bolsa, de que era capitão Francisco da Cunha, o qual debaixo destas promessas de âmbar mandou à terra trinta soldados, e, saindo da praia ao rolo do mar outros trinta índios, forçosos para os tirarem às costas, assim atados consigo se meteram pelo mato dentro e os mataram e cozinharam com grande festa, e os comeram a todos, não vendo os que ficaram na nau mais que o fumo dos companheiros, que não cheirava ao âmbar por que esperavam.

Esta era a vida bárbara dos Tobajaras de Ibiapaba, estas as feras que se criavam e escondiam naquelas serras, as quais foram ainda mais feras, depois que se vieram a ajuntar com elas outras estranhas e de mais refinado veneno, que foram os fugitivos de Pernambuco.

III

Danos que recebe Pernambuco e sua dilatada campanha da confederação dos Índios com os Holandeses. Estrago espiritual dos índios da serra de Ibiapaba com a companhia dos que para lá se retiraram

Entregou Deus Pernambuco aos Holandeses por aqueles pecados que passam os reinos de umas nações a outras, que são as injustiças. E como grande parte das injustiças do Brasil caíram desde seu princípio sobre os Índios naturais da terra, ordenou a justiça divina que dos mesmos Índios, juntos com os Holandeses, se formasse o açoute daquela tão florente república. Rebelaram-se muitos dos Índios e Cristãos e vassalos (posto que outros obraram finezas de fidelidade) e, unindo suas armas com as do inimigo vencedor, não se pode crer o estrago que fizeram nos Portugueses, em suas mulheres e filhos, exercitando em todo o sexo e idade desumanidades feíssimas, sendo os índios, como inimigos doméstios, os guias que franquearam a campanha aos Holandeses e os executadores das crueldades que eles política e hereticamente lhes cometiam, desculpando com a barbaridade dos Brasilianos o que verdadeiramente não só eram consentimento, senão mandados e resoluções suas, para assim quebrantarem a honra e constância dos Portugueses, que de outra sorte nunca puderam render.

Vinte anos teve Deus sobre as costas dos Pernambucanos este rigoroso açoute, porque nos primeiros quatro da guerra estiveram todos os Índios pelos Portugueses, até que no ano de 654 se deu por satisfeita a divina justiça com a milagrosa restituição de todas aquelas fortíssimas praças à obediência do felicíssimo rei D. João IV. Entraram os índios rebeldes nas capitulações da entrega com perdão geral de todas as culpas passadas; mas eles, como ignorantes de quão sagrada é a fé pública, temendo que os Portugueses, como tão escandalizados, aplicariam as armas vitoriosas à vingança, que tão merecida tinham, e obrigados de certo rumor falso, de que os brancos iam levando tudo à espada, lançaram-se cega e arrebatadamente aos bosques, com suas mulheres e filhos, onde muitos pereceram à mão dos Tapuias, e os demais se encaminharam às serras de Ibiapaba, como refúgio conhecido e valhacouto seguro dos malfeitores. Com a chegada destes novos hóspedes, ficou Ibiapaba verdadeiramente a Genebra [3] de todos os sertões do Brasil, porque muitos dos índios pernambucanos foram nascidos e criados entre os Holandeses, sem outro exemplo nem conhecimento da verdadeira religião. Os outros militavam

---

[3] Genebra é a cidade suíça *Genève*, pátria do chefe protestante Calvino, que aí estabeleceu o foco da sua doutrina, emancipando-a do Império Germânico. Vieira refere-se-lhe no mesmo sentido em que se refere a Rochela (p. 78).

debaixo de suas bandeiras com a disciplina de seus regimentos, que pela maior parte são formados da gente mais perdida e corrupta de todas as nações da Europa. No Recife de Pernambuco, que era a corte e empório de toda aquela nova Holanda, havia judeus de Amsterdão, protestantes de Inglaterra, calvinistas de França, luteranos de Alemanha e Suécia, e todas as outra seitas do Norte: e desta Babel de erros particulares se compunha um ateísmo geral e declarado, em que não se conhecia outro Deus mais que o interesse, nem outra lei mais que o apetite; e o que tinham aprendido nesta escola do Inferno, é o que os fugitivos de Pernambuco trouxeram e vieram ensinar à serra, onde, por muitos deles saberem ler e trazerem consigo alguns livros, foram recebidos e venerados dos Tobajaras, como homens letrados e sábios, e criam deles, como de oráculo, quanto lhes queriam meter em cabeça.

Desta maneira, dentro em poucos dias foram uns e outros semelhantes na crença e nos costumes; e no tempo em que Ibiapaba deixava de ser república de Baco (que era poucas horas, por serem as borracheiras contínuas de noute e de dia), eram verdadeiramente aquelas aldeias uma composição infernal, ou mistura abominável de todas as seitas e de todos os vícios, formada de rebeldes, traidores, ladrões, homicidas, adúlteros, judeus, hereges, gentios, ateus, e tudo isto debaixo do nome de cristãos e das obrigações de católicos.

IV

Chega segunda vez o P.ᵉ António Vieira ao Maranhão, e o Governador André Vidal de Negreiros intenta uma fortaleza na boca do rio Camuci, empresa que dependia da vontade dos habitadores da serra. Escreve-lhe o P.ᵉ António Vieira. Sucesso da resposta da sumaca, que com materiais e soldados partiu a levantar a fortaleza

Este era o miserável estado da cristandade da serra, quando no ano de 1655 chegou segunda vez ao Maranhão o P.ᵉ António Vieira, com ordens de Sua Majestade, para que a doutrina e governo espiritual de todos os índios estivesse à conta dos religiosos da Companhia. E posto que o estado referido daqueles cristãos, de que já então havia notícias por fama, prometia mais obstinação que remédio; considerando porém os padres que a sua primeira obrigação era acudir à reformação dos índios já baptizados, e que estes da serra tinham sido os primogénitos desta missão, e de quão pernicioso exemplo seria para os que se houvessem de converter e para os já convertidos a vida escandalosa em que estavam, e muito mais a imunidade dela, era ponto este que dava grande cuidado a toda a missão, e que muito se encomendava a Deus, esperando todos que chegariam ao Céu as vozes do sangue do seu Abel, o P.ᵉ Francisco Pinto, e que, amansadas aquelas feras, que já estavam marcadas com o carácter do baptismo, tornariam outra vez ao rebanho de que eram ovelhas.

Ajudou muito esta esperança um novo intento do Governador André Vidal de Negreiros, o qual chegou no mesmo ano ao Maranhão, resoluto a levantar uma fortaleza na boca do rio Camuci, que é defronte das serras, para segurança do comércio do pau-violeta que se corta nas fraldas delas, e do resgate do âmbar, que a tempos sai em grande quantidade naquelas praias. Esta é a suavidade da Providência Divina, tantas vezes experimentada nas missões de ambas as índias, onde sempre entrou e se dilatou a Fé levada sobre as asas do interesse.

Comunicados os pensamentos do Governador e Superior das missões, julgaram ambos que primeiro se escrevesse aos Índios da serra, de quem não só dependia o comércio, mas ainda a fábrica e sustento da fortaleza. Mas dificultava ou impossibilitava de todo a embaixada a dificuldade do caminho de mais de cem léguas, atalhado de muitos e grandes rios e infestado de diversas nações de Tapuias, feros e indómitos, que a ninguém perdoam, e confirmado tudo com a experiência da mesma viagem, intentada outra vez com grande poder de gente, de armas, e não conseguida. Contudo, houve um índio da mesma nação tobajara, chamado Francisco Murereíba, o qual, confiado em Deus, como ele disse, se atreveu e ofereceu a levar as cartas. O teor delas foi oferecer o Governador, em nome de El-rei, a todos os índios que se achavam na serra, perdão e esquecimento geral de todos os delitos passados, e dar-lhes a nova de serem chegados ao

Maranhão os padres da Companhia, seus primeiros pais e mestres, para sua defensa e doutrina. E o mesmo escreveu o Padre Superior das missões, dando a si e a todos os padres por fiadores de tudo o que o Governador prometia; e referindo-se umas e outras cartas ao mensageiro, que era homem fiel e de entendimento, e ia bem instruído e afecto ao que havia de dizer, partiu Francisco com as cartas em Maio de 1655: e como fossem passados nove meses sem nova dele, desesperado de todo este primeiro intento no Fevereiro do ano seguinte, que são as monções em que de alguma maneira se navega para barlavento, despachou o Governador uma sumaca [4] com um capitão e quarenta soldados e os materiais e instrumentos necessários à fábrica da fortaleza do Camuci, e na mesma sumaca ia embarcado o P.e Tomé Ribeiro, com um companheiro, para saltarem em terra no mesmo sítio, e praticarem com os índios e darem princípio àquela missão. Animou também muito a resolução do Governador e intentos dos padres a paz que por meio deles vieram buscar ao Maranhão os Teremembés, que são aqueles gentios que frequentemente se nomeiam no roteiro desta com o nome de Alarves, cuja relação nós agora deixamos, por ir seguindo a sumaca, e não embaraçar o fio desta história.

[4] Pequena embarcação de dois mastros, usado na América do Sul.

V

Navegação desde o Maranhão ao Ceará dificultosíssima. Arriba a sumaca. Parte o P.e António Vieira e intenta, a despeito dos mares, ir à Baía a buscar missionários. Demoras que tem, e como encontra os Índios com a resposta da sua carta, e voltam todos para o Maranhão

Uma das mais dificultosas e trabalhosas navegações de todo o Mar Oceano é a que se faz do Maranhão até o Ceará por costa, não só pelos muitos e cegos baxios, de que toda está cortada, mas muito mais pela pertinácia dos ventos e perpétua correnteza das águas[5]. Vem esta correnteza feita desde o cabo da Boa Esperança com todo o peso das águas do Oceano na travessa onde ele é mais largo, que é entre as duas costas de África e América; e, começando a descabeçar desde o cabo de Santo Agostinho até o cabo do Norte, é notável a força que em todo aquele cotovelo da costa faz o ímpeto da corrente, levando após si, não só tanta parte da mesma

---

[5] P.e Vieira fala da chamada *Corrente da Costa Sudeste do Atlântico*, que sobe, na verdade, do Cabo da Boa Esperança até o Equador, onde, com o nome de *Corrente Equatorial*, inflecte para Oeste, até que, em frente ao Cabo de S. Roque, se divide em dois ramos: um que desce para Sudoeste, banhando a Costa Sul do Brasil, e outro que avança para Noroeste, ao longo da costa brasileira, e vai penetrar no Golfo do México. É da primeira parte desta última que o Autor refere como dificulta a navegação do Pará ao Maranhão e do Maranhão ao Ceará.

terra que tem comido, mas ainda aos próprios céus e os ventos, que em companhia das águas, e como arrebatados delas, correm perpetuamente de leste a oeste. Com esta contrariedade contínua das águas e dos ventos, que ordinariamente são brisas desfeitas, fica toda a costa deste estado quase inavegável para barlavento; de sorte que do Pará para o Maranhão de nenhum modo se pode navegar por fora, e do Maranhão para o Ceará com grandíssima dificuldade, e só em certos meses do ano, que são os de maior Inverno.

Navega-se nestes meses pela madrugada, com a bafagem dos terrenhos, os quais, como são incertos e duram poucas horas, todo o resto do dia e da noute, e às vezes semanas e meses inteiros, se está esperando sobre ferro na costa descoberta e sem abrigo, sendo este um trabalho e enfadamento maior do que toda a paciência dos homens; e o pior de tudo é que, depois desta tão cansada porfia, acontece muitas vezes tornarem as embarcações arribadas [6] ao Maranhão, como também arribou nesta ocasião a sumaca em que ia o padre e os soldados para o Camuci, tendo gastado cinquenta dias em montar só até o rio das Preguiças, que é viagem que desfizeram em doze horas. Depois mostrou a experiência que fora providência particular de Deus não chegarem os soldados a pôr pé em terra, nem

[6] Por *tornaram arribadas* entenda-se: *tornaram necessitadas de arribar.* Tomando em tais condições, *desfazem* em 12 horas o que avançaram em cinquenta dias.

se intentar a fábrica da fortaleza; porque, segundo a disposição em que então estavam os índios da serra, é sem dúvida que ou haviam de impedir a fortaleza por armas, ou se haviam de retirar para tão longe dela, onde nunca mais fossem vistos.

Partiu nesta mesma monção em uma embarcação latina o P.e Manuel Nunes para o Ceará e o P.e António Vieira para a Baía. Ia um a cultivar (7) os índios daquele distrito, outro para trazer sujeitos que pudessem acudir aos demais; e posto que venceram mais léguas da costa pela melhoria das velas e perseveraram mais tempo na mesma porfia, teimando contra o mar, até se verem quase comidos dele, em fim, desenganados, houveram também de arribar; mas na hora, em que se acabava de tomar este acordo para se levarem as âncoras, eis que vem uma embarcação pequena à vela, escorrendo a costa (8), e gente vestida de cores, marchando pela praia. Ao princípio cuidaram que eram estrangeiros escapados de algum naufrágio, mas chegando mais perto, reconheceram que era o índio Francisco, que, acompanhado de outros da serra, vinham trazer a resposta das cartas com que havia quase um ano tinha partido do Maranhão. Recebidos com a festa e alvoroço que merecia tal encontro, e tão pouco esperado, e dando já por bem empregado o tra-

(7) Cultivar é o mesmo que *civilizar*.
(8) *Escorrendo a costa* o mesmo é que *correndo ao longo dela*.

balho da dilação, deu Francisco por causa da sua tardança o haver encontrado pelo caminho grande variedade de nações de Tapuias, que o detinham e traziam consigo muitos dias. E perguntado como escapara deles com vida, sendo gente que a ninguém perdoa, respondeu que lhe inspirara Deus, quando se viu nas mãos dos primeiros, oferecer-lhes voluntariamente tudo o que levava consigo e sobre si, esperando que, como não tivesem que roubar, não o quereriam matar inutilmente, e que assim o faziam; antes ao despedir-se lhe davam sempre algumas cousas das suas em agradecimento das que tinham recebido; e que, prosseguindo na mesma forma dando a uns o que recebia dos outros, se livrara das mãos de todos.

Eram dez índios da serra que acompanhavam a Francisco, dos quais o que vinha por maioral apresentou aos padres as cartas que trazia de todos os principais, metidas, como costumam, em uns cabaços tapados com cera, para que nos rios que passam a nado senão molhassem. Admiraram-se os padres de ver as cartas escritas em papel de Veneza e fechadas com lacre da Índia; mas até destas miudezas estavam aqueles índios providos, tanto pela terra dentro, pela comunicação dos Holandeses, de quem também tinham recebido roupas de grã[9] e de seda, de que alguns

---

[9] Grã é o nome dum insecto homíptero de que se faz uma tinta vermelha, usada no tecido assim chamado.

vinham vestidos. Desta maneira sabem os políticos de Holanda comprar as vontades e sujeição desta gente, passá-los da nossa obediência à sua, o que nós pudéramos impedir pelos mesmos fios, com muito menos custo, mas sempre as nossas razões de Estado foram vencidas da nossa cobiça, e por não darmos pouco por vontade, vimos a perder tudo por força.

A letra e estilo das cartas era dos índios pernambucanos, antigos discípulos dos padres, e a substância delas era darem-se os parabéns de nossa vinda e significarem o grande alvoroço e desejo com que ficavam esperando para viverem como cristãos, não se esquecendo de lembrar aos padres como eles tinham sido os primeiros filhos seus, e quão viva estava ainda em seus corações a memória e saudades do seu santo pai, o Pai-Pina, que assim chamavam ao padre Francisco Pinto.

VI

Partem à missão da serra de Ibiapaba o P.ᵉ António Ribeiro e o P.ᵉ Pedro Pedrosa. Dificuldades, perigos e trabalhos que passam estes apostólicos missionários. Favores do Céu que experimentam antes de chegar a Ibiapaba

Chegada ao Maranhão esta resposta tão conforme ao que se desejava, se resolveu logo que a viagem se fizesse por terra, e foram nomeados para esta missão o

P.ᵉ António Ribeiro, prático e eloquente na língua da terra, e o P.ᵉ Pedro Pedrosa, que pouco antes tinha chegado de Portugal.

Até o rio das Preguiças levaram os padres uma boa escolta[10] de soldados portugueses, com que passaram vinte e cinco léguas de perpétuos areais, chamados vulgarmente os *Lançóis*, por ser este passo mui infestado dos Tapuias. Despedida a escolta, se descobriu logo quanto o inimigo da salvação das almas tratava de estorvar esta viagem, como se experimentou mais no discurso dela. Como em todo este caminho não há povoação nem estalagem, é um dos grandes trabalhos e dificuldades dele haver de levar o mantimento às costas, que vem a ser a farinha que chamam de guerra, que é o biscouto destas terras, o qual ao uso delas se leva em uns como sacos de vimes tecidos ou embastidos de folhas.

Sucedeu pois, que os que levavam estes sacos às costas, assim por se aliviarem do peso, como por ser gente que come sem nenhuma regra, em treze dias que tinha durado a viagem, os tinham desentranhado de maneira que, quando os padres foram a dar balanço à farinha, não acharam mais que o vulto da folhagem, e que toda a tropa, que constava de sessenta bocas, estava totalmente sem mantimento. Todos votavam

---

[10] Os Tapuias determinavam a necessidade da escolta, não o nome do lugar.

que voltassem outra vez para o Maranhão, pois não tinham de que se sustentar, e lhes restavam por andar as três partes do caminho, e essas do maior trabalho e detença. Mas os padres resolveram que o que se havia de padecer tornando atrás, se padecesse prosseguindo adiante, e, animando aos índios, se fez assim, e se sustentaram todos somente de caranguejos, com algum peixe que lhes deram os Teremembés em dois dos seus magotes que encontraram.

Governava um destes magotes Tatuguaçu, um dos quais tinha ido ao Maranhão, e que era o intérprete dos demais; ao qual, como logo então se colheu de suas palavras, nunca lhe pareceu bem que as suas praias fossem francas aos Portugueses e devassadas de passageiros; e como esta era a primeira viagem, tratou de cortar nela o fio e os intentos a todas as demais, dando de noute um bom assalto nos nossos. A este fim convidou uma boa parte dos Índios a certa pescaria, que se havia de fazer de noute em um posto distante, e aos soldados portugueses que eram oito, também os procurou retirar, tomando para isso uma traça, que bem se via ser inspirada pelo Demónio, e foi prometer-lhes que lhes mandaria algumas de suas mulheres, para os ter longe dos padres, e divertidos, tendo no mesmo tempo escondido no mato o maior corpo da sua gente, para rebentar com ela nas horas do maior descuido.

De tudo isto estavam os padres bem inocentes, fazendo exame da consciência, como é costume, para se recolherem a descansar, quando no mesmo exame lhes veio um escrúpulo, sem dúvida inspirado pelo anjo da guarda, começando a duvidar da fé do teremembé e inferindo do mesmo bom agasalho que lhes fizera, a traição que debaixo dele tinha ou podia ter armado. Com esta suspeita, sem outro indício nem averiguação, ordenaram que se fizesse logo a marcha que estava disposta para se fazer de madrugada, abalando com todo o silêncio e marchando toda a noute, e deste modo amanheceram livres e vivos os que tinham decretada a morte para aquela noute. Assim o descobriu depois aos padres uma velha da mesma nação, a qual tinha ido ao Maranhão na ocasião das pazes, onde fora mui bem tratada dos nossos, e agora em agradecimento veio escondidamente a trazer-lhes aquele aviso, que ainda foi bom para a cautela, posto que se não acabaram aqui os perigos.

VII

Rios caudalosos que se atravessam nesta jornada. Risco da canoa em que ia o P.ᵉ António Ribeiro. Livram-se milagrosamente. Chegam estes missionários à desejada serra de Ibiapaba

Um dos perigos e trabalhos grandes que tem este caminho, é a passagem de catorze rios mui caudalosos, que o atravessam e se passam todos por meio da foz, onde confundem e encontram suas águas com as do mar; e porque não há nestes rios embarcação para a passagem, é força trazê-la do Maranhão com imenso trabalho, porque se vem levando às mãos por entre o rolo e a ressaca das ondas, sempre por costa bravíssima, alagando-se a cada passo e atirando o mar com ela e com os que a levam, com risco não só dos índios e da canoa, senão da mesma viagem, que dela totalmente depende.

Muitas vezes é também necessário arrastá-la por grande espaço de terra e montes para a lançar de um mar a outro, e talvez obrigam estas dificuldades a tomar a mesma canoa em peso às costas com toda a gente, e levá-la assim por muitas léguas; de modo que para haver embarcação para passar os rios, se há-de levar pelo mar, pela terra e pelo ar, e bem se vê quanta seria a moléstia e aflição dos padres nesta sua viagem em persuadir e animar a um trabalho tão forte, a homens que quase vinham sem comer e mal podiam arrastar os corpos. Na passagem do rio Paràmirim, que é o mais forçoso de todos, foi tal o ímpeto da corrente, que, arrebatando a canoa, a levou rodando mais de três léguas pelo mar alto dentro, dando já todos por perdidos ao P.e António Ribeiro, que nela ia, e sete índios. Chamaram todos neste aperto pela Virgem nossa Senhora da Conceição, invocando seu nome a grandes brados, como sucede na última desesperação dos remédios humanos; e por milagre da Senhora, depois de cinco horas de lutar com as ondas, o mesmo mar os trouxe à terra, não havendo já quem tivesse ânimo nem braços para poder sustentar os remos nem o governo.

Sucedeu neste perigo uma circunstância de trabalho nunca vista nem imaginada.

Ia o rio em partes profundamente entrando por entre morros de areia mui altos, dos quais, com o perpétuo remoinho dos ventos, era tão espesso o chuveiro da areia que caía sobre a canoa, que, trabalhando a maior parte dos que nela iam em a lançar fora com as mãos, com os remos, com os chapéus e com tudo o que podia ser de préstimo, não bastavam a alijar e descarregar o peso dela, que por momentos os ia alagando e levado a pique, mas de tudo os livrou a proteccão daquela divina Senhora, a quem tudo obedece.

As outras moléstias e incomodidades que padecem nesta viagem homens criados no retiro da sua cela, são muito para agradecer e louvar a Deus; porque o caminho, que é de mais de cento e trinta léguas pelo rodeio das enseadas, o fazem os padres todo a pé, e sem nenhum abrigo para o Sol, que nas areias é o mais ardente; porque em todas elas não há uma só árvore, e até a lenha a dá, não a terra, senão o mar, em alguns paus secos que deitam as ondas à praia. A cama era aonde os tomava a noute, sobre a mesma areia, e também debaixo dela; porque marchavam no tempo das maiores ventanias, as quais levantam uma nuvem ou chuva de areia tão contínua, que poucas horas de descuido se acha um homem coberto ou enterrado. Até o mesmo vento (cousa que parece incrível) é um dos maiores trabalhos e impedimentos desta navegação por terra, porque é necessária tanta força para romper por ele, como se fora um homem nadando, e não andando. Enfim, como esta era a primeira viagem que se fazia ou abria depois de tantos anos por estas praias, a falta de experiência, como sucede em todas as cousas novas, fazia maiores os trabalhos e os perigos. Mas vencidos todos com o favor de Deus, que da fraqueza tirava forças, aos 4 de Julho de 1656, em que se contaram trinta e cinco de viagem, chegaram os padres à sua desejada serra de Ibiapaba, sem alento, nem cor, nem semelhança de vivos, que tais os tinha parado o caminho e a fome [11]. Quão acomodado, porém, fosse este lugar, onde chegavam para descansar e convalescer de todos estes trabalhos, se verá pela breve relação que agora daremos da terra.

[11] Repare-se, neste passo, ao significado do verbo *parar: que a tal estado os tinham* feito ir parar o cami*nho e a fome.*

VIII

Descrição do sítio da serra de Ibiapaba: sua dificultosa subida; sua altura, que excede as nuvens; condição de seus moradores e, chegados a ela os missionários, quanto obram

Ibiapaba, que na língua dos naturais quer dizer *terra talha*, não é uma só serra, como vulgarmente se chama, senão muitas serras juntas, que se levantam ao sertão das praias de Camuci, e, mais parecidas a ondas de mar alterado que a montes, se vão sucedendo e como encapelando umas após das outras, em distrito de mais de quarenta léguas. São todas formadas de um só rochedo duríssimo, e em partes escalvado e medonho, em outras coberto de verdura e terra lavradia, como se a Natureza retratasse nestes negros penhascos a condição de seus habitadores, que, sendo sempre duros e como de pedras, às vezes dão esperanças e se deixam cultivar. Da altura destas serras não se pode dizer cousa certa, mais que são altíssimas e que se sobe às que o permitem com maior trabalho da respiração que dos mesmos pés e mãos, de que é forçoso usar em muitas partes. Mas depois que se chega ao alto delas, pagam muito bem o trabalho da subida, mostrando aos olhos um dos mais formosos painéis, que por ventura pintou a Natureza em outra parte do Mundo, variando de montes, vales, rochedos e picos, bosques e campinas dilatadíssimas, e dos longes do mar no extremo dos horizontes. Sobretudo, olhando do alto para o fundo das serras, estão-se vendo as nuvens debaixo dos pés, que, como é cousa tão parecida ao Céu, não só causam saudades, mas já parece que estão prometendo o mesmo que se vem buscar por estes desertos.

Os dias no povoado da serra são breves, porque as primeiras horas do Sol cobrem-se com as névoas, que são contínuas e muito espessas. As últimas escondem-se antecipadamente nas sombras da serra, que para a parte do Oceano são mais vizinhas e levantadas. As noutes, com ser tão dentro da zona tórrida, são frigidíssimas em todo o ano, e no Inverno com tanto rigor, que igualam os grandes frios do Norte, e só se podem passar com a fogueira sempre ao lado. As águas são excelentes mas muito raras, e a essa carestia atribuem os naturais ser toda a serra muito falta de caça de todo o género; mas bastava para toda esta esterilidade ser habitada ou corrida há tantos anos de muitas nações de Tapuias, que sem casa nem lavoura vivem da ponta da frecha [12], matando para se sustentar, não só tudo o que tem nome de animal, mas ratos, cobras, sapos, lagartixas, e de todas as outras imundícias da terra. Quase na mesma miséria vivem igualmente os Tobajaras, posto que puderam sem muita dificuldade suprir a necessidade da terra com os socorros do mar, que lhes

---

[12] *Viver da ponta da frecha* é viver do que se obtém, na caça, ou na guerra, com a frecha, arma para uma e outra coisa.

fica distante vinte e cinco léguas, e sobre ser mui abundante de todo o género de pescado, está oferecendo de graça o sal nas praias em uma salina natural de mais de duas léguas; mas é tão grande a inércia desta gente, e o ócio em que excedem a todos os do Brasil, que por milagre se vê um peixe na serra, vivendo de mandioca, milho e alguns legumes, de que também não têm abundância, com que é entre eles perpétua a fome, e parece que mais se mantêm dela que do sustento.

Não foram novas aos padres as incomodidades do sítio, de que já tinham certas notícias, como dos costumes dos moradores, os quais acharam em tudo no estado em que acima os descrevemos, posto que foram recebidos deles com grandes demonstrações de gosto e humanidade, e com aquela admiração e aplauso que sempre acham nesta gente todas as cousas novas. A primeira em que entenderam os padres, foi em levantar igreja, de que eles não só foram os mestres, senão os oficiais, trabalhando por suas próprias mãos, assim pelo exemplo como pela necessidade, porque era pouca a diligência com que os moradores se aplicavam à obra. A do edifício espiritual se começou juntamente, porque desde o primeiro dia começaram os padres a ensinar a doutrina no campo, a que concorriam principalmente os pequenos, que muito brevemente tomaram de memória as orações e respondiam com prontidão a todas as perguntas do catecismo. Mas depois que os padres lhes ensinaram a cantar os mesmos mistérios, que compuseram em versos e tons muito acomodados, viu-se bem com quanta razão dizia o P.ᵉ Nóbrega, primeiro missionário do Brasil, o que com música e harmonia de vozes se atrevia a trazer a si todos os gentios da América. Foram daqui por diante muito maiores os concursos e doutrinas de todos os dias e maiores também as esperanças que os padres conceberam de que por meio desta música do Céu queria o divino Orfeu [13] das almas encantar estas feras destas penhas, para as trazer ao edifício da sua Igreja. A primeira pedra que se lançou nele e o primeiro fruto que se começou a colher, foi o baptismo de muitos adultos e de todos os inocentes, porque nenhum pai houve que não trouxesse a baptizar todos os seus filhos, dos quais muitos foram logo chamados ou arrebatados ao Céu antes dos anos do entendimento, para que a malícia dos mesmos pais lho não pervertesse.

[13] *Orfeu, músico mitológico*, arrastava ao som do seu instrumento as próprias feras, amansadas. Quando a mulher, *Eurídice*, foi morta por mordedura de serpente, as próprias divindades infernais se comoveram, ouvindo-o, ao ponto de lhe consentirem que do Inferno a trouxesse, com a condição de a não olhar, enquanto não ultrapassasse os limites do Reino das Sombras, condição que não satisfez. Compreende-se que se compare Cristo com tal mito.

IX

Impedimento que põe o Demónio à Fé. Meios de que usa. Desacerto de um capitão português. Perigo da fortaleza do Ceará

Sofreu mal o Demónio que se lhe tirassem das mãos estes despojos tenros, que ele desde o nascimento tinha já marcados por seus, e temendo, destes princípios, que viria pouco a pouco a ser lançado daquele castelo infernal, que é a chave de tantas outras nações, que tão absolutamente estava dominando, determinou fazer-se forte nele com todas as suas forças e astúcias, e com as mesmas fazer a esta missão a mais cruel e porfiada guerra que jamais se tem experimentado até hoje, na conquista espiritual de todas as gentilidades do Brasil. Tinham vindo os padres a Ibiapaba com ordem, não de fazerem ali residência, mas de verem a disposição da gente e do lugar, e com aviso aos superiores, esperarem a resolução do que haviam de seguir. Daqui tomou ocasião o Demónio, e daqui forjou as suas primeiras armas, metendo em cabeça a todos os principais que os padres não vinham a tratar da sua salvação, senão da sua ruína, e que eram espias dissimulados dos Portugueses, para avisarem do que passava na serra, e quando estivessem mais descuidados os entregarem a todos em suas mãos, os maiores para serem justiçados pelos delitos passados e os outros para serem vendidos por escravos em perpétuo cativeiro. Não se sabe de qual nasceu primeiro este diabólico pensamento, mas como todos estavam criminosos e deviam tanto à justiça do Céu e da Terra, a própria consciência lhes assoprava este fogo dentro dos corações, e os de Pernambuco, em que eram maiores as culpas e maior o temor, eram os que mais criam e confirmavam tudo, não havendo acção, nem movimento, nem palavra, nem ainda silêncio dos padres, de que não fizessem novo argumento e convertessem no mesmo veneno. Isto só se falava entre todos, sobre isto se discorria e se bebia, que é o tempo e o lugar de seus mais vivos discursos. Estas eram as profecias dos feiticeiros, estes os conselhos dos velhos, estes os temores e os prantos das mulheres, olhando todos dali por diante para os padres, não como pais e defensores seus, mas como espias, inimigos e traidores de sua pátria, de suas vidas e de suas liberdades, e como tais se retiravam e retiravam a todos da casa e conversação dos padres, fugindo até da igreja, da doutrina, das pregações e ainda da mesma missa, que era o que o Demónio pretendia.

Sucedeu por este tempo fazer viagem o Governador André Vidal do Maranhão para Pernambuco por terra, com aviso que lhe fizeram os padres que estava seguro o caminho; e como o Governador trazia grande escolta de soldados e Índios, tiveram por certo os de Ibiapaba que aquele aparato se encaminhava a conquistá-los, e dissimuladamente chamaram todos os tapuias da sua confidência e os tiveram em cilada, enquanto o Governador passou pelas suas praias; e depois que esteve em lugar que já não podia voltar atrás, tornaram a desfazer esta prevenção com tanta dissimulação e secreto, que não chegou à notícia dos padres, senão daí a anos.

Quase começaram a se aquietar com este desengano os temores dos da serra, e a verdade dos Portugueses também começou a triunfar das falsas e indignas suspeitas que deles tinham; mas o Demónio, que não aquietava, levantou em outra parte um novo incêndio para tornar a cegar com o fumo dele aos que já parece queriam abrir os olhos.

Nos arredores da fortaleza do Ceará, distante de Ibiapaba sessenta léguas, vivem duas nações de Tapuias gentios, confederadas ambas com os Portugueses, mas inimigas entre si; uns se chamam Ganacés, outros Juguaruanas. Estavam estes ocupados no mato em cortar madeira do precioso pau-violeta para o capitão da fortaleza, quando os Ganacés, levando consigo alguns índios cristãos de duas aldeias avassaladas que ali temos, deram de repente sobre eles, e, tomando-lhes as mulheres e filhos, se vinham retirando com a presa. Fizeram aviso os Juguaruanas ao capitão da fortaleza, em cujo serviço estavam, o qual lhes mandou de socorro vinte e quatro soldados portugueses, com ordeira que os ajudassem e pelejassem contra seus inimigos, podendo mais neste caso, como sempre pode, a razão da cobiça que a do Estado, a qual ditava que se guardasse neutralidade com ambas as nações, pois ambas eram nossas aliadas. Chegaram os soldados aos Ganacés, que se tinham feito fortes em uma roboleira [14] do bosque, e, desordenando mais a desordenada ordem que levavam, um deles, que não era branco, persuadiu aos fortificados que entregassem em confiança suas armas em sinal de paz, para se retirarem debaixo das nossas. Mas os Juguaruanas, que já tinham recuperado a presa, tanto que viram a seus inimigos desarmados, sem lhes poderem valer os soldados portugueses, deram sobre eles, e em um momento quebraram as cabeças a todos, que é o seu modo de matar, sem ficar, de quinhentos que eram, nem um só com vida.

Foi este um caso que grandemente alterou os ânimos de todos os índios do Ceará, e muito mais os vassalos e aliados, vendo que, à sombra de nossas armas, de que eles esperavam a defensa, fora a mesma, e por estilo tão indigno, que os metera como cordeiros nas mãos de seus inimigos. Clamavam contra os interesses do capitão e contra a lealdade dos soldados o que lhes ensinava a dor e justa ira, e talvez se precipitavam em ameaças contra a fortaleza e contra as vidas de quantos estavam nela.

[14] *Roboleira* ou *reboleira* é, no bosque ou na seara, a parte mais cerrada.

X

São chamados os Padres para sossegarem os Índios. Diferenças entre estes. Acode no maior fervor da briga o P.^e António Ribeiro, a cujas vozes suspendem todos as armas, e ficam em paz. Reforma tudo este grande missionário, e parte a Pernambuco em busca de remédio, mas sem efeito

Posta a fortaleza neste aperto e receio, receberam os padres cartas do capelão e almoxarife, em que lhes representavam o estado de tudo e lhes pediam que, por serviço de Deus e de El-rei, quisessem acudir com toda a pressa àquela força, pois só a sua presença e a muita autoridade que têm com os Índios, poderia obrar em seus ânimos, tão justamente irados, o que importava à conservação de todos. Por esta causa, e por pertencerem também aqueles índios a esta missão, resolveram os padres partir logo ao Ceará; mas vendo que, com a notícia desta jornada, tornavam a reverdecer as suspeitas dos de Ibiapaba, houve de ficar ali um dos padres, como em reféns do outro, e foi só àquela empresa o P.^e António Ribeiro, que, como tão eloquente na língua, e exercitado em conhecer e moderar os ânimos desta gente, sobre tudo ajudado com particular favor de Deus, pôs tudo em poucos dias em paz.

Primeiro aquietou, não sem dificuldade, os índios cristãos das aldeias, que, como vassalos de El-rei e criados em maior política, sabiam melhor sentir e encarecer a causa da sua dor; e com eles ficaram também quietos os Ganacés, primeiros movedores desta tragédia, ajudando não pouco a sua mesma culpa a se comporem com o sucesso. Só os Juguaruanas, como provocados sem causa e como insolentes com a vitória, não cessavam de ameaçar continuamente a ambas as aldeias, em uma das quais deram de repente, ao tempo que o padre estava levantando a hóstia; mas acabada a missa, com a pressa que pedia o perigo, estando já alguns da aldeia mortos e feridos quase todos, que não chegavam a quarenta, sendo quatrocentos os bárbaros que combatiam uma fraca estacada de que estava cercada, o padre se subiu intrepidamente sobre ela por meio das frechas, e não pedindo pazes nem rogando, senão repreendendo e ameaçando o castigo de Deus aos bárbaros, deu Deus tanta eficácia a estas vozes e ao império delas, que, suspendendo os arcos e frechas, se retiraram logo todos. E dali a três dias, em presença do padre e do capitão da fortaleza, vieram a fazer pazes, que se celebraram solenemente entre estas e as mais nações ofendidas.

Enquanto isto se obrava, não atendia o padre com menos cuidado à doutrina dos índios cristãos, os quais achou na mesma confusão e miséria em que estavam os de Ibiapaba, e, se se pode cuidar, ainda maior, pela maior vizinhança e comunicação que haviam tido dos Holandeses, se bem o respeito da fortaleza e o presídio os tinha feito menos rebeldes e insolentes que os outros.

Ensinaram-se os inocentes e baptizaram-se todos os hereges, e se reconciliaram com a Igreja muitos que estavam casados ao modo de Holanda, e se receberam com os ritos católicos. Enfim, as duas povoações, que eram compostas de gentios e hereges, ficaram de todo cristãs.

Restava somente a fortaleza por render, onde em certo modo se pode dizer que estava e está o Demónio mais forte pela cobiça dos capitães e torpeza dos soldados. A estes tirou o padre trinta índias, as mais delas casadas, de que se serviam, com pública ofensa de Deus e sem pejo dos homens, indo-as buscar livremente às aldeias e tomando-as, se era necessário, por força a seus maridos. Dos maridos se estavam servindo igualmente os capitães, para seus interesses, com tanta opressão dos miseráveis e tão pouca e tão enganosa satisfação do contínuo trabalho ou cativeiro em que os traziam, sem descansar jamais, que se podia duvidar quais eram dignos de maior lástima, se as mulheres no torpe serviço dos soldados, se os maridos no injusto dos capitães. Trataram os Índios com o padre de pôr remédio a estes danos, que não eram menos consideráveis para os mesmos Portugueses, se aqueles vícios deixaram olhos abertos. Representou-se por meio mais efectivo retirarem-se aquelas aldeias dali para Pernambuco, donde todos os anos, assim como vêm e se mudam os soldados portugueses, assim viessem e se mudassem os índios necessários ao serviço da fortaleza; e com esta proposta passou o mesmo padre a Pernambuco, posto que não foi admitida, como nunca serão aquelas em que o bem temporal ou espiritual comum se encontra com o interesse dos particulares que governam. Na viagem visitou o padre as relíquias das antigas aldeias de Pernambuco, Paraíba e Rio Grande, que achou espalhadas por aquele largo e trabalhoso caminho, e tornou a visitar as do Ceará, baptizando, doutrinando, casando e confessando a todos aqueles desamparadíssimos índios, os quais davam graças a Deus de que tudo isto se lhes fizesse de graça, quando muitos deles viviam como gentios, por não terem com que pagar os sacramentos.

XI

Desconfiança dos da serra de Ibiapaba, tendo aos missionários por traidores. Quanto padece o P.e Pedro Pedrosa, que ficou só na serra. Necessidade a que chega e descómodos destas missões

Enquanto o P.e António Ribeiro se deteve nesta comprida missão, esteve o P.e Pedro Pedrosa padecendo as consequências dela, que foram persuadirem-se de novo os de Ibiapaba que a jornada ao Ceará e de Pernambuco fora só a prevenir dobrados socorros, com que os arrancar a todos das suas serras, chegando a desconfiar das mesmas muralhas inacessíveis com que as fortificou a natureza, e fazendo, como soldados velhos da guerra do Brasil, uma estrada oculta pelo mato, que, no caso que não se pudessem defender, lhes servisse para a retirada, a qual já tinham disposta para partes tão remotas do interior da América, que nunca lá pudesse chegar o nome, quanto mais armas dos Portugueses. Sendo esta a opinião que estes índios tinham de um dos padres, já se vê qual seria o tratamento que fariam ao outro. Ficou o P.e Pedro Pedrosa entre eles só, e sem saber ainda mais que poucas palavras da língua, mas a mesma necessidade, e não ter outra com que se dar a entender, lha fez aprender copiosamente dentro em poucos meses, estudando, mais ainda que a mesma língua, as razões com que havia de falar e persuadir a esta enganada gente o pouco fundamento de seus temores e das desconfianças que tinham concebido contra os padres que por eles estavam padecendo tantos trabalhos e tinham arriscado tantas vezes as vidas. Mas nenhuma razão nem demonstração bastava para que vissem ou quisessem ver a sua cegueira. Assim estava o padre aqui mais como prisioneiro das suas ovelhas que como pastor delas, continuando porém sempre em lhes dar o pasto da verdadeira doutrina, a que acudiam poucos, e os mais pequenos, rogando por todos a Deus, e oferecendo por sua conversão os mesmos agravos e ingratidões que deles continuamente estava recebendo.

Alguns meses não teve o padre quem lhe fosse acender uma candeia [15], deitando-se todo este tempo

[15] É sabido que, para fazer lume, entre selvagens, fricciona-se

sobre ter comido duas espigas de milho seco, que assava por sua própria mão; mas nisto eram menos culpados os que tinham obrigação de o sustentar, pelas esterilidades do sítio. Muitas vezes a horas de jantar mandou com um prato pedir uma pequena de farinha[16] pelas portas, sendo ele o que fazia o fogo para cozer umas ervas agrestes e o que varria a pobre casinha com as mesmas mãos sagradas com que a tinha feito. Deste tempo é que ficaram ao padre as notícias que nos dá, de serem tanto saborosas as lagartixas, pela parte de alguma que algum mais misericordioso lhe ofereceu por grande caridade. Tal é a miséria ou o castigo do sítio em que vive esta pobre gente, e por cuja conservação fazem tantos extremos.

Quando aqui chegámos, havia quatro meses que os padres não comiam mais que folhas de mostarda cozidas em água e sal, mas estas com pouca farinha, porque nem os que a lavram a tinham. Alguma jornada fizeram de mais de sessenta léguas, em que levavam a matalotagem[17] na algibeira, que era um pouco de milho debulhado, que a não ir tão bem guardado, se não pudera defender à fome dos companheiros, e isto é o com que se jejuam as quaresmas e com que se fes-

---

um pau contra outro, para o que é necessária força e destreza que o missionário poderia não ter.

[16] *Uma pequena de farinha* é o mesmo que um pouco *de farinha*, que também se diz *uma pouca de farinha*.

[17] *Matalotagem* são as *provisões dos matalotes ou marinheiros*.

tejam as páscoas; mas é já boa de contentar a natureza (e muito mais a graça), e dá Deus tantos sabores a estes manjares, que não fazem cá saudades os regalos da Europa. Dias houve também, caminhando, em que passaram os padres só com os cardos do mato, e outras vezes com as raízes de certa árvore agreste, cavadas por sua mão, a que chamam *mandû rapó*, por ser mantimento das emas, que digerem ferro. Mas tinham os padres muito mais que digerir na dureza e rebeldia dos corações da gente com que tratavam, os quais com nenhum exemplo se compungiam, com nenhum benefício se abrandavam e com nenhum desengano queriam acabar de se desenganar, permitindo-o assim Deus, ou em castigo da sua mesma obstinação, ou para outros maiores fins da sua providência.

XII

Chega o P.ᵉ António Ribeiro de volta à serra. Alegria com que é recebido. Nova desconfiança dos Índios, que determinam matar aos padres. Sabem estes da traição, e persistem ainda na serra

Foi mais festejada a vinda do P.ᵉ António Ribeiro, quando o viram entrar pela principal aldeia só e sem os exércitos imaginados que o Demónio lhes tinha formado nas fantasias.

Mas durou pouco aos padres o gosto desta vitória da

sua verdade; porque, no mesmo tempo, receberam uma carta do P.ᵉ António Vieira, em que lhes dava notícia de haverem resoluto os superiores que aquela missão, vistas suas impossibilidades, se não continuasse, e que os padres se voltassem outra vez ao Maranhão, notificando esta ordem e a causa dela aos Índios e levando consigo aos que os quisessem seguir. Não chegou à mão dos padres nenhuma destas ordens, que eram do Padre Provincial do Brasil e do Padre Visitador desta missão, como adiante se dirá, mas em ordem à execução delas declarou o P.ᵉ Pedro Pedrosa aos principais o aviso que tinham recebido, representando-lhes o serviço de Deus e de Sua Majestade, que continha aquela resolução, e quão conveniente lhes era não só para a salvação, senão ainda para as comodidades da vida a mudança do lugar. Não tinha acabado de dizer o padre, quando já estava lida a resposta no semblante de todos, os quais rebentaram, dizendo.

– Eis aqui como era verdade o que até agora todos cuidávamos; e como os padres não tiveram nunca outro intento, senão de nos arrancar de nossas terras para nos fazerem escravos de seus parentes, os Brancos.

O maior principal, que tem grande sagacidade, respondeu direitamente à proposta desta maneira: – Se por sermos vassalos de El-rei, quereis que vamos para o Maranhão, estas terras também são de El-rei; e se por sermos cristãos e filhos de Deus, Deus está em toda a parte.

Com esta resposta sucinta se recolheram a seus conselhos secretos, nos quais se decretou que, por meio dos Tapuias, tirassem a vida aos padres, como já tinham feito os mesmos Tapuias ao P.e Francisco Pinto; e que, para dissimulação do delito, sairiam eles fingidamente à sua defensa, e fariam grandes prantos por sua morte.

Decretada esta cruel sentença, sem os padres terem dela a menor notícia, com o mesmo segredo despediram aos Tapuias quem lhes fosse declarar o intento e os ensaiasse para a tragédia. Eram os Tapuias que foram escolhidos para a execução os .... [18], e o dia, de Quinta-Feira de Endoenças, em que os padres estão mais ocupados; e eles concorrendo também para os ofícios daquela semana, se queriam também fingir mais divertidos. Tudo estava já preparado para o sacrifício, e só as vítimas estavam inocentes de tudo, quando Deus, que nunca desampara aos que o servem, tocou o coração a um dos principais e adjunto na mesma consulta; o qual foi secretamente avisar aos padres de tudo o que contra eles estava traçado.

Com este aviso, que bem se via era do Céu, se aparelharam os padres com grande ânimo para dar a vida por tão .... [19] causa, e dali por diante, pondo-se mais afectuosamente nas mãos de Deus, com contínuas orações e penitência, estavam esperando a todas as

[18] No original.
[19] No original.

horas do dia e da noute que a morte lhes entrasse pelas portas, tendo ajustado entre si de a receberem de joelhos, e com as mãos levantadas ao Céu.

Enquanto chegava ou tardava o dia aprazado, resolveram-se os padres a não esperar mais por ele. Descobriram ao principal como lhes era manifesta a traição que lhes tinha armado; que para matar dois religiosos sem armas não eram necessárias as frechas dos Tapuias, que em suas mãos os tinham, sem poderem resistir nem quererem fugir; que bastava um velho o mais fraco da aldeia, para lhes tirar as vidas, e que eles as dariam por bem empregadas, se Deus, pelo sacrifício de seu sangue, perdoasse aos Tobajaras este pecado e todos os outros de que se não queriam emendar; que estivessem certos que do Céu não haviam de pedir para eles castigo, senão misericórdia.

Ficou assombrado o bárbaro de ver que os padres sabiam o que ele tinha por tão secreto. Negava com a boca tudo, mas confessava-o com o coração, o qual lhe dava tais pancadas no peito, que não se estavam vendo, mas parece que se estavam ouvindo. Enfim, como as traças eram do Demónio, que só tem força enquanto estão encobertas, neste dia desarmou em vão toda esta máquina. O Inferno ficou confuso e os padres deram infinitas graças a Deus, e os autores ficaram corridos e arrependidos, mas nem por isso emendados, tendo sempre altamente fixado na memória e no entendimento o ponto de os quererem tirar de suas terras; e posto que os padres tinham tão justas causas e tão bastante motivo nas cartas que receberam para sacudirem o pó dos sapatos e deixarem tão ingrata terra, resolveram-se contudo a não desamparar o posto a que a obediência os tinha mandado, sem verem primeiro a ordem em que a mesma obediência os mandasse retirar.

XIII

Estado pernicioso dos índios da serra. Suas ignorâncias, heresias e trato com o Demónio

Será muito para louvar nos tempos vindouros a constância destes dois missionários; mas eles têm para si, e com razão, que não só deviam isto ao amor de Deus, por quem o padeciam, senão ao exemplo que o mesmo Deus lhes dava; porque ainda que foi muito o que os padres sofreram a estes índios, muito mais era o que Deus lhes estava sofrendo. Entre todos estes só um velho houve, que de si pediu aos padres que o casassem para sair de mau estado. Nenhum dos principais, sendo todos três cristãos, era casado em face da Igreja, nem o quiseram nunca ser, por mais que os padres os admoestavam, e todos, além da que chamavam mulher, tinham a casa cheia de concubinas. Alguns estavam casados juntamente com duas irmãs e muitos com suas cunhadas, porque receber o irmão vivo a mulher do irmão defunto é lei tão judaicamente observada entre eles, como se a tiveram recebido de Moisés, a quem também sabem o nome. Aqueles de quem o Profeta diz que fizeram concerto com o Inferno, parece que foram estes. Um disse que antes queria ser irmão de Caim do que de Abel, por estar no Inferno com ele; outro que se lhe não dava do fogo do Inferno, porque, se fosse lá, ele o apagaria; outro que já sabia que havia de ir ao Inferno pelas maldades que cometera em Pernambuco, e assim não queria tratar do Céu; outros chegaram a tanto, que blasfemaram de Deus como de tirano e injusto, por os haver de mandar a eles ao Inferno. «Mande ao Inferno, diziam, aos índios que o mataram, mas a nós, que lhe não fizemos nenhum mal, porque nos manda ao Inferno sem razão?» Enfim, foram tais as cousas que disseram e fizeram sobre este ponto, que os padres se retiraram de lhes falar no Inferno, até que o conhecimento da grandeza de Deus e de suas culpas lhes mostrassem quão dignos são os que o ofendem de tão temeroso castigo. Por outra via tinha já procurado o Demónio tirar-lhes do pensamento a Fé e temor do Inferno, espalhando entre eles um erro aprazível semelhante à fábula dos Campos Elísios [20]; porque dizem

---

[20] Na mitologia, são os *Campos Elísios* o lugar subterrâneo de delícias, destinado às sombras dos que em vida praticaram a virtude.

que os três principais das aldeias da serra têm debaixo da terra outras três aldeias muito formosas, onde vão depois da morte os súbditos de cada um, e que o *abaré* ou padre que lá tem cuidado deles, é o P.ᵉ Francisco Pinto, vivendo todos em grande descanso, festas e abundância de mantimentos; e perguntados donde tiveram esta notícia, e se lhes veio algum correio do outro mundo, alegam com testemunha viva, que é um índio muito antigo e principal entre eles, o qual diz que, morrendo da tal doença que teve, fora levado às ditas aldeias; por sinal que uma se chama Ibirupiguaia, outra Inambuapixoré, a terceira Anhamari, e que lá vira todos os que antes dele haviam morto, e entre eles a sua mulher, a qual o não quisera receber, e pelejara com ele por ir desta vida sem levar um escravo que a servisse, e que depois disso tornara a viver.

O índio, por sua pouca malícia, parece incapaz de haver composto esta história, e assim julgam os padres que foi sem dúvida ilusão do Demónio para o enganar a ele, e por meio dele aos outros, e quando menos para pôr em opiniões um ponto tão importante como o do Inferno.

Na veneração dos templos, das imagens, das cruzes, dos sacerdotes e dos sacramentos, estão muitos deles tão calvinistas e luteranos, como se nasceram em Inglaterra ou Alemanha. Estes chamam à Igreja, *igreja de moanga,* que quer dizer *igreja falsa*; e à doutrina *morandubas dos abarés*, que quer dizer *patranhas dos padres*; e faziam tais escárnios e zombarias dos que acudiam à igreja a ouvir a doutrina, que muitos a deixaram por esta causa. Um disse que de nenhuma cousa lhe pesava mais que de ser cristão e ter recebido o baptismo. O sacramento da confissão é o de que mais fugiam e mais abominavam; e também havia entre eles quem lhes pregasse que a confissão se havia de fazer só a Deus e não aos homens. Foram testemunhas certos portugueses que vieram à serra, que a tempo que o padre levantou a hóstia, um por zombaria dos que batiam nos peitos, se pôs a bater na parede da igreja. Estava outro para comungar em ocasião que um principal lhe mandou recado, para que fosse beber com ele; e como respondesse que estava para receber o Senhor, disse o principal que não conhecia outro Deus senão o vinho; porque ele o criara e o sustentava.

Outras muitas cousas diziam, que é certo lhas não ensinaram os hereges, senão o Demónio por si mesmo. Exortava o padre a certo gentio velho que se baptizasse, e ele respondeu que o faria para quando Deus encarnasse a segunda vez, e, dando o fundamento do seu dito, acrescentou que, assim como Deus encarnara uma vez em uma donzela branca para remir os Brancos, assim havia de encarnar outra vez em uma donzela índia para remir os Índios, e que então se baptizaria. Consoante a esta profecia é outra, que também acharam os padres entre eles; porque dizem os seus letrados que Deus quer dar uma volta a este mundo, fazendo que o Céu fique para baixo e a Terra para cima, e assim os Índios hão-de dominar os Brancos, assim como agora os Brancos dominam os Índios. E com estas esperanças fantásticas e soberbas os traz o Demónio tão cegos, tão desatinados e tão devotos seus, que chegou a lhes pedir adoração, e eles a lha darem. Não há muitos anos que um velho dos de Pernambuco, feiticeiro, levantou uma ermida ao Diabo nos arrabaldes da povoação, e pôs nela um ídolo composto de penas, e pregou que fossem todos a venerá-lo, para que tivessem boas novidades, porque aquele era o que tinha poder sobre as sementeiras; e como a terra é mui sujeita a fome, foram mui poucos os que ficaram sem fazer sua romaria à ermida. Estava o velho assentado nela, e ensinava como se haviam de fazer as cerimónias da devação, que era haverem de bailar continuamente de dia e de noute, até que as novidades estivessem maduras, e os que cansavam e saíam da dança haviam de beijar as penas do ídolo, no qual afirmavam alguns que ouviram ao Demónio falar com o velho, e outros que se lhe mostrou visível, vestido de negro.

Tiveram os padres notícia do desaforo, foram logo queimar o ídolo e levantar em seu lugar uma cruz dentro e outra fora; mas ao dia seguinte amanheceram ambas as cruzes feitas pedaços: tanto sofre Deus, e tanto tem sofrido a estes ímpios contra sua Igreja, contra seus sacramentos, contra sua divindade e contra suas cruzes; e tanto ensina a sofrer com o seu exemplo, aos que também ensinou com sua doutrina, que deixassem crescer a cizânia, para que se não perdesse o trigo!

XIV

Fruto que se colheu neste estéril campo; proveitos temporais que resultaram destas duas missões. Sucesso extraordinário e castigos de Deus em alguns índios

O fruto que se tem colhido no meio desta esterilidade, não tem sido tão pouco que se hajam de dar por mal empregados tantos trabalhos, quando os mesmos trabalhos per si não foram um grande fruto.

Enquanto os grandes viviam na obstinação e rebeldia que dissemos, os pequenos, de quem é o Reino do Céu, o iam povoando em tanto número, que são já mais de quinhentos os inocentes baptizados pelos padres, que com a graça do baptismo estão gozando da glória. Ao princípio tiveram os padres três igrejas nas três aldeias, e depois fizeram outra, em que uniram todas três. Estas quatro igrejas são hoje relicários preciosíssimos, em que não há lugar onde não esteja engastado algum corpo com toda a certeza santo, que é grande consolação e ainda devoção para os que vieram a estas serras cavar estes tesouros; e vê-se claramente haver Deus enviado os dois missionários da

Companhia só a colher estas flores para as meter, como diz a Escritura, no ramalhete dos predestinados; porque, no tempo em que morreram mais de quinhentos inocentes, não chegaram a morrer quinze dos adultos, alguns dos quais acabaram com os sacramentos daquela hora, e com grandes esperanças de sua salvação; e outros, para temor dos mais, com evidentes sinais de sua perdição e condenação eterna. Dos pequenos de maior idade se baptizaram também muitos, que ainda estavam pagãos ou tinham dúvida no baptismo. Muitos também receberam em legítimo matrimónio as mulheres com que viviam em pecado; outros, tocados da heresia, abjuraram o erro ou ignorância, e se reconciliaram com a Igreja. Assim que, ainda que o corpo geralmente estava tão enfermo e tão contagioso, a muitos dos membros aproveitavam os remédios e a muitos os preservativos.

Os males que com a presença dos padres se têm evitado, não são de menos consideração ao bem espiritual destes índios, nem de menor utilidade ao espiritual e temporal de todo o Estado. O caminho do Maranhão ao Ceará e a Pernambuco, que estava totalmente fechado pelas hostilidades desta gente, está, hoje franco e seguro. As praias e navegação de toda a costa está livre e melhorada com o seu comércio. Sobretudo estão reduzidos os Tobajaras à obediência e vassalagem de Sua Majestade sem armas nem despesas, e estão inimigos jurados dos Holandeses, em cuja confederação era a serra de Ibiapaba o maior padrasto[21] que tinha sobre si o Estado do Maranhão, e o que só temeram todos os soldados velhos desta Conquista. Nos vícios da fereza e desumanidade estão também muito domados; já não matam, já não comem carne humana, já não fazem cativeiros injustos, já guardam paz e fidelidade às nações vizinhas, tudo por benefício da assistência dos padres.

Haverá dois anos que exortaram os padres aos Tapuias Curutis, que quisessem deixar a vida de corso e viverem aldeados com os Tobajaras com casa e lavoura, e quando já vinham os Curutis com suas famílias para se meter nas aldeias que os mesmos Tobajaras lhes tinham oferecido, estava traçado entre eles de os esperarem em cilada dali a duas léguas, e os matarem e cativarem a todos. Soube o P.e Pedro Pedrosa a traição três horas antes, quando já os Tobajaras estavam juntos e armados; e bastou saberem os principais que o padre o sabia, para desistirem da empresa e ainda para cobrirem e negarem os intentos que tiveram nela. Foi este o maior argumento do respeito que têm aos padres, ainda quando parece que nos não respeitaram, porque não há mais forte tentação para esta gente, que a de matar e fazer cativos. Assim vão despindo os vícios da barbaria, com que começam a ser homens, e se

---

[21] *Padrasto*, relativamente a qualquer local ou região, é a eminência que os domina.

espera que renunciarão também os demais, para que acabem de ser cristãos.

Confirma muito esta esperança o ter-se visto em muitos casos que não só chama Deus esta gente por meio ordinário de seus ministros, os pregadores, mas que parece quer render por si mesmo sua rebeldia, como a de Saulo [22].

Estava um dia ouvindo missa o maior principal, e ao tempo que o padre levantou o Senhor e todos O adoraram, ele viu somente os dedos do padre e não viu a hóstia, com que ficou assombrado; recolhendo-se a casa tremendo, examinando a causa de Deus se lhe não querer mostrar, ocorreu-lhe que devia de ser, sem dúvida, porque em o dia de antes tinha dito umas palavras de pouco respeito ao mesmo padre que disse a missa, que era o P.ᵉ Pedro Pedrosa. Passou a noute sem dormir, veio ao outro dia ouvir a missa do mesmo padre e pedir perdão a Deus do que tinha feito, e quando se levantou a hóstia, viu-a, mas com a cor mudada, porque lhe pareceu envolta em uma nuvem negra e lhe metia horror, posto que não tão grande como o dia de antes, em que se lhe havia totalmente escondido. Foi no mesmo dia contar o caso ao padre, pedindo-lhe perdão da pouca reverência com que lhe

---

[22] Saulo era o primitivo nome de S. Paulo, quando perseguidor dos Cristãos. Segundo o texto sagrado, foi directamente que Deus operou a conversão deste santo.

havia falado, e dali por diante tornou a ser a hóstia branca e como dantes a via.

Um dos blasfemos de que falámos acima chegou a dizer em presença de muitos, que não tinha outro Deus senão o Diabo, mas permitiu logo Deus que experimentasse em si mesmo quem era aquele por quem o trocava, para castigo seu e dos outros que o tinham ouvido. Entrou nele o Demónio tão furiosa e desesperadamente, que se despedaçava a si e quanto encontrava, fugindo todos dele, e não havendo quem lhe parasse diante. Fizeram-lhe os padres os exorcismos por espaço de oito dias, com que o largou o Demónio por então, posto que depois tornou por vezes a o atormentar, mas já com menos fúria. Ficou tão ensinado com este castigo, que dali por diante não saía de casa dos padres nem da igreja; e andando sempre armado com as contas ao pescoço, deu pública satisfação ao escândalo que tinha dado, protestando que estava fora de si e pregando em toda a parte que a divindade era só de Deus, e o Demónio a mais mofina de todas as criaturas e a mais abominável.

Quando os padres logo chegaram à serra, receberam um índio com uma sua cunhada, com quem estava amigado, calando ele o impedimento e não impedimento, e não havendo quem acudisse a o descobrir. Nasceram deste matrimónio um menino e duas meninas, e todos três saíram mudos. Admiraram os mesmos índios a estranheza do caso, e têm assentado entre si que a causa de serem mudos os filhos, é porque o pai também foi mudo, calando os impedimentos do matrimónio e fazendo aquela injúria ao sacramento; e verdadeiramente era necessário um castigo tão prodigioso e tão permanente como este, e que fosse crescendo e continuando-se com os mesmos sujeitos castigados, para que esta gente, que tão pouco reparo fazia dos impedimentos dos matrimónios, temesse exceder os limites e violar a pureza deste sacramento, e soubessem todos que o que se cala e encobre aos sacerdotes, não se pode esconder a Deus, antes dá brados a sua divina justiça, para que castigue como merece.

XV

Favores divinos a outros índios. Repentino estrondo que se ouviu na serra de Ibiapaba, na mesma noute em que chegaram os missionários. Por muitas vias ordenam os superiores se retirem os padres da serra, e todas impediu Deus

Mas não são só castigos e ameaças, com que Deus quer trazer a si os corações destes índios, senão também promessas e favores. Uma noute de Natal tinha praticado P.ᵉ Pedro Pedrosa, e quando disse a primeira missa, viu uma índia na hóstia a Cristo, não menino e envolto em panos pobres, senão em figura de homem, vestido de grande formosura, majestade e riquezas, as quais oferecia com rosto mui agradável àquela índia, se ela o quisesse servir. Provou o efeito a verdade da visão, porque, vivendo até àquele tempo em estado alheio da graça de Deus, foi esta a primeira e a única que veio pedir aos padres a recebessem com o que não era seu marido, e fez dali por diante vida tão reformada e tão cristã, e de tanto afecto e devoção às cousas espirituais, que nunca mais, nem ela nem pessoa alguma de sua família, que era muito grande, faltou na igreja à missa e às duas doutrinas de cada dia, pegando esta mesma piedade a seu marido.

Outro índio moço tem recebido grandes toques, favores e admoestações de Deus em sonhos que o trazem mui abalado, e se lhe vêm nos desejos, nas palavras e nas resoluções. Uma noute sonhou que se achava na igreja entre os que tomavam disciplina pelas sextas-feiras da Quaresma, mas que ele a não queria tomar, e logo viu sair e caminhar para si um mancebo de muita formosura, o qual, apontando para um lugar alto que estava coberto com uma cortina, lhe disse que ali estava Deus, mas que se não mostrava senão aos que faziam penitência de seus pecados. Então se resolveu a tomar a disciplina, como os demais, a qual acabada, se correu a cortina e viu sobre um trono resplandecente como o Sol, um ser de tanta formosura e grandeza, que ficara fora de si de espanto e de alegria, e que nunca mais perdera nem podia perder a memória do que tinha visto. Outra vez, estando este índio doente de uma grande inchação que lhe tomava desde o ombro até à cabeça e lhe causava grandes dores, sem ter remédio nem quem lho soubesse aplicar, veio encomendar-se a Deus com grande afecto e confiança. Adormeceu uma noute, e apareceu-lhe aquele mesmo mancebo, que ele conheceu muito bem, o qual trazia na mão direita uma ave e na esquerda umas ervas. Perguntou-lhe que era o que pedia a Deus, e como dissesse que a saúde, aplicou o mancebo a ave ao lugar inchado, a qual, picando com o bico a inchação, fez um buraco, por onde se purgou a matéria, e logo, pondo-lhe em cima as ervas, ficou sã a ferida. Acordou nisto o enfermo, e achou que a inchação verdadeiramente estava rebentada, e brevemente cerrou, e em breve ficou são. Outra vez tomou a sonhar este índio cousas semelhantes, ordenadas todas à sua salvação, e sendo sempre o ministro ou instrumento delas aquele mancebo seu conhecido, que ao primeiro entendeu seria o seu anjo da guarda, mas ultimamente lhe apareceu em vestido de padre da Companhia.

Finalmente, Deus tem nesta seara muitos escolhidos, e se o Demónio trabalha tanto por arraigar a cizânia que tem semeado nela, é porque teme e prevê que há-de ser lançado fora, de que parece deu um manifesto sinal no mesmo dia em que chegaram os padres; porque, ao cerrar da noute, se ouviu de repente um estrondo tão grande, como de cousa que rebentava, que deixou assombrados a todos. Sucedeu isto junto à casa onde os padres estavam agasalhados, e dizem os índios que ali se costumava ver de noute uma figura medonha e afogueada; e daquele ponto em diante nunca mais foi vista. O que podemos afirmar com toda a certeza é que a missão destes dois padres à serra de Ibiapaba foi ordenada por particular providência de Deus e que é vontade do mesmo Deus que assistam e continuem nela, de que nos tem dado tantos testemunhos, e tão claros, que se não podem duvidar.

Já deixámos dito que assim os superiores da missão, como os do Brasil, ordenaram que os padres da serra voltassem outra vez para o Maranhão. Mandaram-se estas ordens aos padres por muitas e repetidas vias, mas sempre Deus estorvou que chegassem, e por meios em que não só entrou a sua providência, senão também o braço do seu poder. A primeira destas ordens mandou o P.e Francisco Gonçalves, que, acabando de ser provincial do Brasil, veio visitar esta missão, e mandou-a no mesmo barco em que tinha vindo da Baía; mas porque o mestre estava desgostado do padre por certa cousa, em que lhe encontrou a vontade [23], tomou as suas cartas em que vinha a ordem, e lançou-as ao mar em vingança, e entregou as dos outros padres. A segunda ordem foi enviada pelo Padre Provincial do Brasil, Simão de Vasconcelos, ao P.e António Ribeiro, que estava em Pernambuco, e chegou esta ordem na tarde

---

[23] Entenda-se: *lhe contrariou a vontade.*

do mesmo dia em que o padre pela manhã se tinha embarcado e partido para a sua missão. Em Pernambuco deu o mesmo Padre Provincial duas cartas com a mesma ordem ao P.e Ricardo Careu, quando de lá se embarcou para o Maranhão: uma, para que se desse no Ceará; outra, para que se desse em Juruquaquara, que são os dois portos que comunicam com a serra; e sendo que esta viagem se faz sempre vento a popa, tomando-se todos os portos com grande facilidade, o do Ceará nunca o pôde tomar o barco. O de Juruquaquara tomou-o; mas tanto que lançou ferro para mandar à terra, foi tal o vento e mares que se levantaram subitamente, que a requerimento de todos se houveram de fazer à vela para se não perderem. Neste mesmo tempo quiseram os padres ir esperar nas praias pelo P.e Careu, de cuja vinda tinham notícia, e no dia em que estavam para partir, chegaram à serra alguns soldados mandados pelo capitão do Ceará, que detiveram os padres alguns dias, e nestes passou o barco. Do Maranhão tornou o mesmo barco a partir para Pernambuco, vindo nele uma via das mesmas cartas, para que de volta chegassem às mãos dos padres; mas depois de dois meses, em que por muitas vezes intentou a passagem, tornou arribado ao Maranhão. Com esta tardança e a primeira notícia de ter passado, trataram os padres de mandar correio por terra ao Maranhão, e depois de um mês de caminho, voltaram com as mesmas cartas que levaram, porque os avisaram os Teremembés que nas areias havia muitos tapuias de guerra. Insistiram outra vez os padres com segundos correios, e indo estes passando o rio Temona, em uma canoa pequena que levavam para as passagens, acometeu-os um tubarão de tão estranha grandeza e fereza, que, perseguidos, houveram de encalhar em terra, e foi entre umas pedras, onde a canoa se fez em pedaços, e se tornaram com as cartas. Finalmente, se resolveram os padres a levarem em pessoa as mesmas cartas até tal parte do caminho, e entregá-las a tanto número de índios, e de tanto valor, que não voltassem. Estes foram por fim os que chegaram, depois de haver ano e meio que por nenhuma via se sabiam novas daquela missão. Estavam detidas no Maranhão todas as ordens dos superiores, as quais haviam de levar estes mesmos portadores dali a oito dias, que foi o termo que pediram para se descansar e o que tinham limitado pelos padres. Mas, quatro dias depois da sua chegada, chegou o Governador D. Pedro de Melo, e com ele tais ordens de Sua Majestade e do Padre Geral, que ficou suspenso por elas o efeito e execução das outras. De Sua Majestade vieram três cartas, em que encarregou ao Governador que o seu primeiro cuidado fosse procurar que na serra de Ibiapaba estivessem alguns religiosos da Companhia para terem à sua conta e obediência aqueles índios, e para segurança dos ditos missionários se fizesse o forte de Camuci, que o Governador André Vidal tinha intentado. Do Padre Geral vieram patentes de Visitador e

Superior da dita missão ao P.ᵉ António Vieira, que sempre fora de voto que a missão da serra se continuasse, tendo para isto razões de tanto peso, que, mandando-as logo ao Padre Provincial, se conformou ele e todos os padres da província com elas. De sorte que, procurando-se com tanto cuidado por nove vias diferentes do mar e da terra, e em espaço de ano e meio, que chegassem aos padres da serra as ordens por que eram mandados retirar, Deus as impediu e estorvou todas por meios tão fora do curso natural das cousas, servindo-se para isso dos ventos, dos mares, dos rios, dos Portugueses, dos Índios, dos Tapuias e dos mesmos peixes, para que se visse que era vontade sua que os padres não saíssem daquele lugar, e que os meios que sua providência tem predestinados para salvação das almas, se hão-de conseguir infalivelmente, ainda que seja necessário para isso tirar de seus eixos a toda a Natureza.

XVI

Escreve o P.ᵉ António Vieira aos de Ibiapaba. Respondem os Índios e mandam visitar o novo Governador do Estado, D. Pedro de Melo, e ao Superior das missões, o P.ᵉ António Vieira. Toma tudo melhor forma, e o procura arruinar o Demónio

Com as novas ordens que se mandaram aos padres, foram também cartas aos principais do novo Superior da missão, em que lhes diziam que o seu intento e gosto era dar-lho em tudo o que fosse justo, e que, suposto o amor que tinham às suas terras, que nelas ficariam com eles os padres para os doutrinar, com tanto que a esse fim se unissem todos e se ajuntassem em uma só igreja. Foi esta nova recebida em Ibiapaba com grande aplauso e festas; e logo mandaram todos os principais, uns a seus irmãos, outros a seus filhos, acompanhados de mais de cinquenta outros índios, a visitar o novo Governador e Superior da missão; e um deles, que hoje se chama D. Jorge da Silva, filho do principal mais antigo, para que passasse ao Reino a beijar a mão a Sua Majestade em nome de todos. Foram recebidos estes embaixadores com grande festa que lhes fez o Governador em sua casa, e os padres em o Colégio por muitos dias, e tornaram contentes e presenteados, eles com outros mais presentes para seus principais, que é costume mui custoso, e às vezes mal empregado. Levaram também promessa do Padre Superior da missão que os iria visitar pelo S. João do ano seguinte, com a qual esperança, e com a relação que deram os embaixadores de quão benévola e liberalmente foram hospedados dos padres, se aplicaram todos à união das aldeias e ao edifício da nova igreja, concorrendo para ela com grande continuação e cuidado, enfim, parecendo ou podendo parecer que já estavam desenganados das suas suspeitas e seguros dos seus temores, e que tomavam todos deveras a doutrina dos padres. Mas o

Demónio ainda se não deu por vencido, e sobre esta tão diferente urdidura tornou a tecer e continuar a mesma teia de desconfianças, que tão bem lhe tinham saído. Partiu D. Jorge para Lisboa, ficando-lhe no Maranhão por descuido as cartas que o P.ᵉ António Vieira lhe tinha dado, mas bastou ser conhecido por índio da missão do Maranhão, para que o conde de Odemira, que foi sempre grande protector, como obra sua, o mandasse recolher em sua casa e prover de todo o necessário com muita largueza, e o presentou depois a El-rei, que Deus guarde, e o enviou outra vez para o Maranhão, cheio de mercês de Sua Majestade e suas.

Alguns meses antes do S. João do mesmo ano, mandaram também os principais de Ibiapaba muitos índios de sua nação e outros de Pernambuco, para trazerem à serra ao P.ᵉ António Vieira, na forma que lho havia prometido; mas como o padre, por enfermidade e pela expedição das missões do mesmo ano, se deteve no Pará até o fim dele e princípio do seguinte, sobre esta tardança tornou o Demónio a introduzir em Ibiapaba, ou ressuscitar, as mesmas desconfianças dos padres, semeando entre eles por boca de certos tapuias, que Jorge não fora mandado a Portugal, senão afogado no mar por ordem dos Portugueses, e que os demais os estavam já servindo, repartidos por suas casas e fazendas, como escravos, e que a vinda do padre seria com grande poder e acompanhamento de soldados, para lhes fazer a eles o mesmo. Creram facilmente todas estas traições os que tão costumados estão a fazê-las; e de uma povoação que pouco antes se tinha feito de três, se fizeram logo mais vinte povoações, para que, assim divididos, não pudessem ser cercados, nem apanhados juntos. Esta foi a resolução que se executou de público, debaixo da qual estava dissimulada outra de maior desatino, que era terem assentado consigo que, se até a Páscoa lhes não constasse de certo serem falsas aquelas novas, como os padres lhes diziam, dessem por averiguado o cativeiro dos seus e tomassem satisfação e vingança dele nas vidas dos mesmos padres. Tal era a vida que aqui viviam estes dois religiosos, morrendo e ressuscitando cada dia; antes morrendo sem ressuscitar, porque o perigo fundava-se na ingratidão e crueldade desta gente, que é a maior do Mundo, e a segurança fundava-se na sua fé, que nunca guardaram.

XVII

Parte o P.ᵉ António Vieira para a serra. Valor com que empreende o caminho por terra com os mais companheiros. Gastam vinte e um dias. Chegam descalços e com os pés em chagas. Trata da reformação da cristandade. Acaba com os Índios cousas que pareciam impossíveis

Chegaram estas notícias ao Maranhão, quando chegou do Pará o P.ᵉ António Vieira, o qual se pôs logo a caminho para a serra, levando consigo a D. Jorge, que havia dois meses tinha chegado com sete padres que vieram do Reino, e levando também a todos os índios que tinham vindo de Ibiapaba, assim Tobajaras como Pernambucanos, os quais quis Deus que estivessem todos vivos, sãos e contentes. Começou o padre esta viagem por mar, mas começando a experimentar segunda vez as incertezas e as dilações delas, se pôs logo a caminho por terra, querendo também por si mesmo ver a grandeza dos rios e o sítio e a capacidade das terras, por serem todas estas notícias muito necessárias a quem há-de dispor as missões. Os trabalhos da viagem foram os mesmos que já ficam contados, e puderam ainda ser maiores por caminharem no mês de Março, que é o coração do Inverno, mas foi Deus servido que fossem os dias enxutos, como os do Verão. Só dois houve em que se padeceu alguma chuva, com que parece quis o Céu mostrar aos caminhantes a mercê que lhes fazia; porque é qualidade destas areias, em cada gota de água que lhes cai, se convertem em um momento em enxames de mosquitos importuníssimos, que se metem pelos olhos, pela boca, pelos narizes e pelos ouvidos, e não só picam, mas desatinam; e haver de marchar um homem molhado, a pé e comido de mosquitos, e talvez morto de fome, e sem esperança de achar casa nem abrigo algum em que se enxugar ou descansar, e continuar assim as noutes com os dias, é um género de trabalho que se lê facilmente no papel, mas que se passa e atura com grande dificuldade.

Vinha com o P.ᵉ António Vieira, além do irmão companheiro, o P.ᵉ Gonçalo de Veras, um dos que novamente tinham chegado do Reino, e não sendo muito robusto de forças, vimos nele, com grande admiração e edificação nossas, as forças e o desejo de padecer por Deus; porque, tendo saído quatro meses antes do Colégio de Coimbra, levava todos estes trabalhos com tanta constância, facilidade e alegria, como se nascera e se criara no rigor destas praias. Mas é graça esta própria dos filhos de Santo Inácio, que posto se não criam nisto, criam-se para isto. Acrescentou muito o trabalho e incomodidades do caminho não quererem os padres ficar nele os dias maiores da Semana Santa; e assim se apressaram de maneira que acabaram toda esta viagem em vinte e um dias, que foi a maior brevidade que atègora se tem visto; e como vinham a pé e descalços, muitos dias depois de chegarem lhes não sararam as chagas que traziam feitas nos pés; mas o tempo era de penitência e de meditar nas de Cristo.

Entraram na serra em Quarta-Feira de Trevas pela uma hora; e logo na mesma tarde começaram os ofícios que se fazem com toda a devação e perfeição, por serem quatro os sacerdotes e os índios de Pernambuco terem vozes e música de canto de órgão, com que também cantaram a missa da Quinta-Feira, e à Sexta-Feira a Paixão, em que vieram todos adorar a cruz com grande piedade, e na tarde, ao pôr do Sol, se fechou a tristeza daquele dia com uma procissão do enterro, em que iam todos os meninos e moços em duas fileiras com coroas de espinhos e cruzes às costas, e por fora deles na mesma ordem todos os índios arrastando os arcos e frechas ao som das caixas destemperadas, que em tal hora, em tal lugar e em tal gente acrescentava não pouco a devoção natural daquele acto. O ofício do Sábado Santo e o da madrugada da Ressurreição se fez com a mesma solenidade e festa, a qual acabada, começaram os padres a entender na reformação daquela cristandade ou na forma e assento que se havia de tomar nela; e porque a matéria era cheia de tantas dificuldades, como se tem visto no discurso de toda esta relação, era necessária muita luz do Céu para acertar em os maiores convenientes, e muita maior graça de Deus para os índios os aceitarem e pôr em execução. Para alcançar esta luz e graças se tomou por padroeiro de toda a missão da serra a S. Francisco Xavier e se lhe fez uma novena, em que, além dos exercícios ordinários da Religião que se aplicavam todos por esta tenção, se dizia todos os dias missa do santo, e os padres juntos na igreja tinham pela manhã meia hora de oração mental e de tarde outra meia hora; uma, a que precedia um quarto de lição espiritual, em que se lia uma meditação, a que também assistiam todos, rematando-se a oração de pela manhã com a ladainha dos santos, e à tarde com a de Nossa Senhora, à qual se achavam também os meninos da aldeia e muitos outros homens e mulheres, por se acabar esta devoção na hora em que começava a doutrina. Estava neste tempo no altar uma devota imagem de S. Francisco Xavier, em hábito de missionário, baptizando um índio; e esperamos que assim como Deus tem feito este grande apóstolo tão milagroso na Europa, na África e na Ásia, se estenderão também os favores da sua valia e intercessão a esta parte da América.

A primeira que se resolveu e executou logo, foi que todos os índios de Pernambuco saíssem e fossem para o Maranhão, como são idos, e se espera grande quietação e proveito espiritual de uns e outros; porque os Pernambucanos, com a vizinhança e sujeição dos Portugueses, estando debaixo de suas fortalezas, acudirão a suas obrigações, como têm prometido, e poderão ser obrigados a isso por força, quando o não façam por vontade; e os da serra, sem o exemplo e doutrina dos Pernambucanos, que eram os seus maiores dogmatistas, ficarão mais desimpedidos e capazes de receber a verdadeira doutrina e de os padres lhes introduzirem a forma da sua vida cristã, o que, endurecidos com a contrária, se lhes não imprimia. Assim mais se assentou com os principais e com todos os cabeças da nação, que se tornariam logo a unir em uma só povoação, em que se faria igreja capaz para todos: que os que estão ainda por baptizar se baptizariam; que todos mandarão seus filhos e filhas à doutrina duas vezes no dia, e à escola; que nenhum terá mais que uma mulher, recebendo-se com ela em face de Igreja; que se confessarão todos ao menos uma vez pela desobrigação da Quaresma; enfim, que guardarão inteiramente a Lei de Deus e obediência à Igreja, na qual criou um ofício de executor eclesiástico, chamado *braço dos padres*, e se proveu em um índio zeloso e de grande autoridade, irmão do maior principal, para obrigar a todos a virem à igreja e cumprirem com outras obrigações de cristãos, e os castigar e apenar, se for necessário. De tudo isto se fez assento por papel, de que se deu uma cópia a cada um dos principais, querendo e pedindo eles que lhes ficasse, para que depois se lhes tome conta por ela, e se veja quem melhor a cumpriu. E porque a reformação começasse pelos maiores e pelo ponto de maior dificuldade, os três principais foram os primeiros que se apartaram das concubinas e se receberam com a mulher que por direito era legítima, fazendo ofício de pároco o padre superior da missão, e concorrendo com boa parte da despesa para a festa das vodas, que duraram por doze dias e doze noutes contínuas.

O PADRE ANTÓNIO VIEIRA
E O DIREITO DOS ÍNDIOS (*)

JOÃO VIEGAS

SUMÁRIO: *A conquista progressiva do território; A escravatura antes da chegada dos jesuítas; A escola espanhola da paz; Os jesuítas e as primeiras leis brasileiras sobre os Índios; Vieira antes das missões; A actividade missionária; As ideias de Vieira sobre o direito dos Índios.*

É usual distinguir três grandes temas na vida e na obra do padre António Vieira (1608-1697): a defesa dos cristãos-novos em face da Inquisição; a protecção dos Índios do Brasil contra os abusos dos colonos; o anúncio da chegada do "Quinto Império", sob a égide do rei de Portugal. A estes três temas faz-se normalmente corresponder três facetas da personalidade do "Crisóstomo português": o político, o missionário e o profeta. A primeira é dominante desde os seus anos de juventude no Brasil e sobretudo depois, após o seu regresso

(*) Publicado originalmente na obra *La Mission d'Ibiapaba. Le père António Vieira et le droit des Indiens*, estudo, tradução e notas de João Viegas, prefácio de Eduardo Lourenço, Paris, Chandeigne/Unesco, 1998, pp. 87-230. © Chandeigne/Unesco. Tradução do francês de António de Araújo.

a Portugal, em 1641, na corte do rei D. João IV. Envolve-se, então, em questões de estratégia militar, interessa-se pelos casamentos dos príncipes, torna-se diplomata, convive com os grandes financeiros. É a época em que defende o seu projecto de "Companhia das Índias" financiada pelos cristãos-novos. No entanto, surgem os reveses, as desilusões, as cobiças, que vão conduzir a uma mudança decisiva na vida do padre jesuíta. Em 1652, embarca em direcção ao Brasil para se consagrar às missões. Durante quase um decénio, percorre os confins do Estado do Maranhão, no nordeste do Brasil, em busca de novas populações a evangelizar, visitando as "aldeias" administradas pelos jesuítas, intervindo junto das autoridades internas e externas à Companhia para organizar novas expedições em direcção ao interior do país. É o Vieira missionário. Uma nova mudança ocorre em 1661, quando os jesuítas são expulsos do Maranhão. Vieira, o principal alvo da ira dos colonos, é obrigado a regressar a Lisboa. Para cair em desgraça. Com efeito, a chegada de D. Afonso VI ao trono fá-lo perder os seus apoios na corte. Teve então de atravessar a difícil prova de um processo perante o tribunal do Santo Ofício. No decurso deste período negro, onde poderia refugiar-se senão na sua visão quimérica do "Quinto Império", nascida de uma lenta maturação das doutrinas messiânicas portuguesas a que se convertera desde 1641? Emerge aqui o Vieira "profeta", que nunca desaparecerá. Nem a sua estadia em Roma (1669-1675), nem a sua reabilitação em face da Inquisição, nem o seu retorno à Baía conseguirão demovê-lo da sua obsessão: a redacção da sua grande obra, a *Clavis prophetarum*, onde procura expor de modo sistemático as suas ideias sobre o futuro grandioso de Portugal.

É sobretudo o Vieira "missionário" que nos interessará aqui e, em particular, o seu combate pela protecção dos Índios do Brasil. Trata-se de um aspecto essencial, não apenas para compreender a personalidade complexa deste célebre jesuíta, mas também para apreender o alcance de uma obra profundamente preocupada com o seu tempo e em diálogo permanente com ele. Os Portugueses têm geralmente de Vieira a imagem de um profeta clamando no deserto. Ele surge-lhes como a consciência amarga da decadência de Portugal – decadência de um reino que havia outrora "dado novos mundos ao mundo" e que, no século XVII, parecia mergulhar irreversivelmente no mundo das trevas. Ora, esta imagem deve-a Vieira não apenas ao seu empenhamento na defesa dos judeus e dos cristãos-novos contra a Inquisição. Ela explica-se também, em grande parte, pela sua acção na "defesa" dos Índios brasileiros. Com efeito, ele surge entre os grandes críticos de uma colonização selvagem, ao lado de um Las Casas ou de um Francisco de Vitória. À semelhança destes, teria sido o porta-voz desta "consciência cristã" que nasceu desde logo contra a servidão dos indígenas americanos para proclamar os seus direitos. Corresponderá esta imagem à verdade? O combate de Vieira pela protecção dos Índios do Brasil resulta de uma filosofia que prenunciaria, já no século XVII, a nossa concepção moderna dos "direitos do homem"?

Os especialistas não apresentam respostas inequívocas a esta questão. Assim, não se deixou de sublinhar a contradição entre as ideias aparentemente "humanistas" de Vieira sobre os Índios e a sua aceitação da escravatura dos negros de África. É certo que esta contradição não é exclusiva do jesuíta português. Encontramo-la igualmente em Las Casas e em numerosos autores que escreveram sobre a questão índia. Mas ela não deixa de suscitar uma interrogação sobre o verdadeiro sentido do seu empenhamento na defesa dos direitos dos indígenas. Por outro lado, como conciliar o apego de Vieira à "liberdade" dos Índios e o seu messianismo lusitano e aquilo que já se pôde designar como a sua "ideologia imperialista" [1]? Rejeitava Vieira a ideia de que a finalidade espiritual, em caso de conversão dos gentios, era de molde a justificar as conquistas portuguesas, mesmo pela força? Longe disso. Quais são, então, os "direitos" que visa proteger, e contra quem? Um conjunto de questões em relação às quais não é possível fornecer

[1] A expressão é de ALBIN EDUARD BEAU (cf. o seu artigo "A ideologia imperialista do Padre António Vieira", *Estudos*, Coimbra, vol. I, 1959, pp. 421-434).

uma resposta simples. Desde logo, para começar, porque Vieira não é jesuíta por acaso. Tanto nos seus escritos, como nas suas acções, designadamente no Maranhão, vemo-lo frequentemente transigir, seja com os colonos, seja com os capitães, seja com os Índios. E é penoso tentar adivinhar que intenções reais se escondem atrás desta atitude de prudência. Além de que o "Crisóstomo português" toma liberdades em relação à lógica, quando não em relação à simples coerência. Na verdade, não esperemos encontrar nele a límpida clareza de um Descartes ou de um Pascal. Estamos perante um mestre de retórica, que não hesita em sacrificar o rigor de uma construção intelectual ao efeito que visa produzir. De resto, Vieira pensa segundo os nossos cânones? Não será antes, como observa Marcel Bataillon [2], um representante de uma forma de pensamento que na altura se encontrava em vias de ser suplantada pelo "espírito geométrico" da ciência moderna?

Tudo isto torna o personagem difícil de apreender. Estaremos perante um visionário que soube projectar-se além do seu tempo ou antes perante um homem que apreendeu a realidade do seu tempo com um espírito arcaico? Aplicada a Vieira, esta questão não é desprovida de sentido. Quanto mais não seja, porque se trata

---

[2] Cf. "Le Brésil dans une vision d'Isaïe selon le P. Antonio Vieira", *Bulletin des études portugaises, Institut français au Portugal*, Nova Série, tomo 25, 1964.

do autor de uma *História do Futuro*, obra inacabada onde procurou demonstrar que a história do futuro é tão certa e susceptível de ser conhecida como a história do passado, já que ambas têm nas Sagradas Escrituras uma fonte comum ([3]). Lendo os seus escritos nos dias de hoje, a três séculos de distância, não podemos senão sentir-nos interpelados pelo olhar que eles lançam para o futuro, ou seja, em relação a nós próprios. Compreende-se, pois, o motivo pelo qual Vieira tanto fascinou os historiadores, portugueses e estrangeiros! Mas, ao mesmo tempo, interrogamo-nos sobre se tal fascínio não terá deformado a sua imagem e se, à força de se mostrar como profeta, ele não terá acabado por nos convencer do carácter premonitório da sua obra. Não seremos vítimas de uma espécie de ilusão de óptica, que nos faz interpretar os seus escritos à luz de factos e ideias que lhes são posteriores? E, antes de mais, estas palavras "direito" e "liberdade", que nos parecem tão audaciosas sob a sua pena, terão verdadeiramente o mesmo sentido para ele e para nós? É um conjunto tão vasto de interrogações que não lhe poderemos dar resposta sem deixar de começar por situar o "combate" do padre Vieira no seu contexto.

([3]) *História do Futuro. Esperanças de Portugal e Quinto Império do Mundo*, Lisboa, INCM, 1992 (1.ª ed., 1981).

A CONQUISTA PROGRESSIVA DO TERRITÓRIO

Descoberta em 1500, a *Terra da Vera Cruz*[4] foi objecto de uma lenta colonização por parte dos portugueses. No decurso dos primeiros decénios do século XVI, os reis de Portugal concentram os seus esforços no comércio com o Oriente e na defesa dos territórios conquistados no norte de África. A "ilha" brasileira, como então era vista[5], não passava de uma etapa conveniente na famosa "rota das Índias". Apenas foram instaladas aí algumas feitorias para o comércio das madeiras brasileiras. Na altura, os portugueses não procuravam tirar partido da terra. Aproveitando esta situação, os rivais

---

[4] Segundo a célebre carta de Pêro Vaz de Caminha, uma "ilha baptizada *Vera Cruz*" foi "achada" durante a viagem de Álvares Cabral em 1500. A questão de saber se Cabral "descobriu" ou "reencontrou" esse território (que já haveria sido assinalada em viagens anteriores) divide desde há muito os historiadores.

[5] Esta percepção explica-se, desde logo, pela ignorância que havia em relação às dimensões do continente americano. Mas a imagem do Brasil "insular" sobreviverá muito tempo depois de a cartografia ter permitido determinar os contornos reais do Brasil. Esta reminiscência explica-se em parte pela geografia do Brasil: as cadeias de montanhas que separam o litoral do interior e os grandes rios que transformam a Amazónia numa gigantesca região pantanosa. Mas, acima de tudo, ela servia as ambições políticas dos portugueses, pois favorecia a tese da unidade física de um território que se estendia bem para lá do meridiano de Tordesilhas; cf. JAIME CORTESÃO, *História do Brasil nos velhos mapas*, Rio de Janeiro, 1965-70.

espanhóis e franceses vão multiplicar as incursões costeiras [6], em relação às quais se tenta ripostar através do envio de armadas (Cristovão Jaques, em 1516-1519, Martim Afonso de Sousa, em 1530-1532). Só a partir do reinado de D. João III, "o Piedoso" (1521-1557), perante o declínio da hegemonia portuguesa no Oriente e a crise do comércio das especiarias, ocupará o Brasil um lugar de relevo no Império português.

Contudo, a colonização de um território tão vasto colocava óbvios problemas a um pequeno reino como Portugal, que possuía um milhão e meio de almas e tinha já de gerir um império comercial gigantesco. Para os ultrapassar, D. João III vai utilizar o modelo das capitanias-donatárias aplicado no século XV nas ilhas atlânticas (Madeira, Açores, Cabo Verde, São Tomé) [7]. Em 1536, divide o território do Brasil em doze parcelas

[6] Os franceses, essencialmente os normandos, chegaram desde cedo às costas brasileiras; sobre este ponto, cf. *Le voyage de Gonneville (1503-1505) et la découverte de la Normandie par les Indiens du Brésil*, com um estudo de Leyla Perrone-Moisés, Paris, Chandeigne, 1995.

[7] Sobre as capitanias-donatarias, cf. nomeadamente PAULO MERÊA, "A solução tradicional de colonização do Brasil", *História da Colonização Portuguesa do Brasil. Edição Monumental Comemorativa do Primeiro Centenário da Independência do Brasil*, II, Porto, 1923; M. E. CORDEIRO FERREIRA, entradas "Capitães-Donatários" e "Donatarias" no *Dicionário de História de Portugal* (dir. Joel Serrão), Porto, Livraria Figueirinhas, 1981; ANTÓNIO VASCONCELOS DE SALDANHA, *As Capitanias, o Regime Senhorial na Expansão Ultramarina Portuguesa*, Funchal, Centro de Estudos de História do Atlântico, 1992.

concedidas a "capitães donatários". Cada donatário era investido de amplos poderes administrativos, jurisdicionais e militares no âmbito da sua "capitania", onde era autorizado a receber uma parte da dízima (chamada, por este motivo, de "redízima") e outros direitos (designadamente, os ligados aos engenhos de açúcar). Em princípio, as capitanias-donatárias eram inalienáveis, irrevogáveis e hereditárias, pelo que foi frequente concebê-las como instituições de direito feudal[8]. Mas se se inspiram inegavelmente no direito português antigo, aproximam-se, pelos seus objectivos, das concessões do moderno direito administrativo. Com efeito, o capitão possuía apenas a propriedade de uma parte das terras (20%), sendo o resto concedido em regime de sesmaria aos cristãos que desejassem instalar-se no território[9]. Os direitos destes colonos eram definidos num foral outorgado pelo rei em simultâneo com a carta de doação ao capitão. Na sua qualidade de beneficiários das sesmarias, os colonos estavam isentos de impostos,

---

[8] Será, sem dúvida, mais exacto falar de direito "senhorial", já que, segundo a opinião corrente, o regime feudal não se desenvolveu na Península Ibérica, onde o poder real permaneceu muito mais forte do que no resto da Europa da Idade Média.

[9] A concessão de terras em sesmaria é uma instituição que remonta à época da reconquista. Estas concessões compreendiam a obrigação, para o beneficiário, de cultivar a terra durante um certo período (geralmente, cinco anos), sob pena de a perder.

salvo a dízima à Ordem de Cristo[10]. Em contrapartida, tinham a obrigação de cultivar a terra e de servir sob as ordens do capitão donatário, estando este encarregado de defender o território em caso de guerra. Em suma, a coroa encontrou aqui um expediente económico para ceder a exploração de terras desocupadas a particulares dispostos a investir os capitais necessários. O foral e a carta de doação correspondem a verdadeiros "cadernos de encargos", visando favorecer o povoamento do território e o desenvolvimento da agricultura[11]. Respondendo a esta mesma preocupação, os capitães-donatários designados para o Brasil são frequentemente antigos funcionários do Império que haviam adquirido uma sólida experiência de colonização no Oriente ou em África.

Este sistema engenhoso produz, não obstante, resultados moderados. A colonização do Brasil revela-se, com efeito, mais difícil do que a das ilhas atlânticas. O território é imenso, o clima nefasto. Por outro lado, os indígenas encontram-se dispersos em tribos semi-nómadas, hostis entre si. Aliando-se a algumas destas tribos, os portugueses vão inexoravelmente entrar em guerra

[10] Segundo as regras do Padroado (v. *infra*), a dízima era devida à Ordem de Cristo, cujo comendador passou a ser, após D. Manuel, o próprio rei.

[11] Tanto mais que a coroa se reservava o monopólio da madeira, das especiarias, do ouro e dos diamantes, ou seja, o comércio mais rentável.

com as outras, que não hesitarão em aliar-se aos seus rivais europeus, particularmente aos franceses. A resistência indígena toma a forma de uma "guerrilha" feita de rapinas e de pequenas operações armadas contra colonos isolados. Nestas condições, os capitães-donatários mostram-se impotentes para reagir de forma eficaz. Os seus empenhamentos são, além disso, muito desiguais. Alguns nem sequer se dignam a abandonar a metrópole. Outros preocupam-se sobretudo em descobrir as minas que na altura se procuravam em todos os confins da América do Sul [12]. Para mais, os capitães não dispunham sempre dos recursos financeiros necessários. Endividam-se, por vezes a ponto de terem de abandonar a sua capitania, como sucedeu aos Pereira Coutinho, que acabaram por vender a capitania da Baía ao rei. Nestas condições, como poderiam assegurar a defesa do território? Uma coisa é certa: o sistema das capitanias mostra-se incapaz de dissuadir os franceses dos seus projectos de colonização na América do Sul, na baía do Rio de Janeiro e na região de Cabo Frio, ou no nordeste, no Maranhão e em Pernambuco. Por seu turno, os espanhóis edificam também aldeias no sul do território.

É neste contexto que D. João III decide criar um governo geral da província. O primeiro governador

---

[12] As minas de prata de Potosí foram descobertas em 1545-
-1546.

geral, Tomé de Sousa, embarca para a Baía em 1549, ao comando de uma poderosa armada, para socorrer os capitães-donatários e lutar contra a pirataria. Dispõe de amplos poderes sobre o conjunto do território. Salvador da Baía torna-se a capital política e militar do Brasil. Elevada ao grau de diocese desde 1551, torna--se igualmente a capital religiosa, assim se mantendo até 1907. Com Tomé de Sousa vão os primeiros padres jesuítas enviados ao Brasil, sob a direcção do padre Manuel da Nóbrega[13]. A colonização entra, então, numa nova fase. Funda-se a cidade de São Paulo (1554) no interior do território, por iniciativa dos jesuitas[14]. Em 1560, o terceiro governador geral, Mem de Sá, expulsa os franceses da baía do Rio de Janeiro, onde o cavaleiro Nicolas Durand de Villegaignon tentara fundar a "França Antártica"[15]. Os franceses abandonam a região de Cabo Frio em 1575. O governador geral consegue igualmente expulsar para o interior a maioria das tribos hostis. Ao mesmo tempo, domina a provín-

[13] Não foram os primeiros missionários enviados ao Brasil, uma vez que os franciscanos já se tinham para lá dirigido desde a década de 1520. Todavia, a actividade deste últimos é muito reduzida.

[14] Existiam muitas aldeias nesse lugar, que foram desenvolvidas a partir de Santo André, fundado pelo comerciante João Ramalho.

[15] Cf. *Le Brésil d'André Thevet. Les Singularités de la France Antarctique (1557)*, edição integral fixada, apresentada e anotada por Frank Lestringant, Paris, Chandeigne, e bibliografia aí citada.

cia, não hesitando em reprimir os abusos dos capitães-donatários sobre os colonos. Se o sistema das capitanias não é abandonado, os donatários não deixam de se confrontar constantemente com o poder central. Começa, então, um lento movimento, que só terminará no século XVIII, no termo do qual as capitanias irão progressivamente desaparecendo, a maioria regressando ao domínio do rei.

Esta política de intervenção da coroa assegura um desenvolvimento sustentado da colónia. A população branca passa de menos de 10 000 habitantes em 1546 a mais de 19 000 em 1570 e, depois, segundo as estimativas mais generosas, a mais de 30 000 em 1590. A ocupação efectiva de vastas terras ao longo da costa tem como efeito desenvolver a cultura da cana de açúcar [16] e, em menor escala, do tabaco. Abre-se, assim, na década de 1560, o "ciclo do açúcar", que vai substituir o "ciclo da madeira" (F. Mauro) até ao fim do século XVII. Toda a província se organiza em torno da economia açucareira. Entre 1546 e 1590, o número de engenhos de açúcar instalados no Brasil passa de 21 a 150. Em 1623, atinge o número de 350 [17]. A produ-

---

[16] Desde 1530, as experiências realizadas mostraram que o clima era favorável à cultura da cana-de-açúcar que os portugueses haviam já introduzido na Madeira e, sobretudo, em S. Tomé.

[17] O açúcar continuará a ser a principal produção do Brasil até ao século XIX. Cf. FRÉDÉRIC MAURO, *Le Brésil du XVe à la fin du XVIIIe siècle*, Paris, S.E.D.E.S., 1977, e, sobretudo, *Le Portugal, le Bré-*

ção destina-se totalmente à exportação. Os colonos, designadamente os habitantes das aldeias, são extremamente dependentes dos mantimentos vindos da metrópole. A colónia fixa-se quase exclusivamente ao longo da costa, permanecendo inexplorados os vastos territórios do interior. Mas, sobretudo, a cultura açucareira necessita de mão-de-obra em abundância. Ora, se a população de origem portuguesa regista um forte crescimento no decurso da segunda metade do século XVI, ela permanece, todavia, fraca. Torna-se necessário, pois, recorrer aos Índios ou, uma vez que a mão-de--obra indígena se mostra insuficiente ou indisponível, aos negros de África. Coloca-se, pois, a importante questão da escravatura.

Antes de nos debruçarmos sobre esta questão, sublinhe-se que a queda da dinastia de Aviz e a união das coroas de Espanha e de Portugal na pessoa de Filipe II (1580) não trazem alterações significativas ao sistema de administração da província[18], que permanece inteiramente nas mãos dos portugueses. A união real tem mesmo efeitos benéficos: os espanhóis vão aceitar mais facilmente as tentativas de penetração dos colonos portugueses (com o apoio do governador geral) no interior

sil et l'Atlantique au XVIIe siècle (1570-1670), Paris, Fundação Calouste Gulbenkian – Centro Cultural Português, 1983.

[18] A tentativa feita por D. Sebastião de partilhar a administração do território entre dois governos gerais – um com sede em Salvador, outro no Rio – (1572-1577) não tem continuidade.

da terra, não as vendo como uma ameaça à sua soberania. Multiplicam-se na altura as expedições armadas, as *bandeiras*, designadamente em direcção ao interior da Amazónia onde alcançam com júbilo a linha de demarcação de Tordesilhas. Tolerantes, as autoridades espanholas não vêem com maus olhos os esforços feitos para ocupar *de facto* um território gigantesco e inóspito. Para mais, não se esforçam os brasileiros para afastar a ameaça estrangeira? Ela permanece activa. São, antes de mais, os franceses, refugiados no norte, no Maranhão, onde fundam a cidade de São Luís em 1594. Ao que acrescem os ingleses e, a partir do final do século XVI, os holandeses, que farão numerosas incursões na costa brasileira e ocuparão o território de Pernambuco em 1630.

Entre o mais, é para afastar esta ameaça que são apoiados os primeiros esforços de ocupação da imensa parcela do norte do território. Em 1615, os franceses são expulsos de São Luís. Alguns anos mais tarde, em 1621, cria-se o Estado do Maranhão, agrupando as capitanias do Ceará, do Maranhão e do Pará. O novo "Estado" é independente do Brasil [19], sendo administrado por um governador geral designado directamente por Lisboa. Mas as suas estruturas sociais, económicas e administrativas não são significativamente diferentes. Com um século de atraso, o Maranhão conhecerá uma

[19] E assim continuará até 1772.

evolução semelhante ao resto da província. A política de ocupação é deixada, num primeiro momento, à iniciativa dos colonos. Assiste-se, em seguida, a uma intervenção mais activa da coroa, que procura apoiar-se nas ordens religiosas. O controlo do poder central permanece, no entanto, mais fraco, pois a província é menos rica do que o resto do Brasil e menos pesada para o tesouro real. Trata-se, em suma, de uma espécie de *far-west* da América portuguesa. É aí que vai desenrolar-se, a partir de 1653, a actividade missionária de Vieira.

A ESCRAVATURA ANTES DA CHEGADA DOS JESUÍTAS

Desde a viagem de Pedro Álvares Cabral, os portugueses têm contactos com os indígenas [20]. As populações das imensa zona da floresta tropical e sub-tropical sul-americana são muito heterogéneas nas suas línguas, nas suas culturas, nos seus modos de organização, e dividem-se geralmente em duas grandes "famílias" linguísticas: a família Macro-Gê e a família Macro-Tupi. No século XVI, quando os portugueses exploram a costa brasileira, encontram essencialmente tribos do grupo Tupi-Guarani, ligadas à família Macro-Tupi. As tribos do ramo Tupi encontram-se entre o Ceará e São Paulo, os Guarani sobretudo ao sul do Trópico de

---

[20] A carta de Pêro Vaz de Caminha relata como se desenvolvem os primeiros contactos entre portugueses e Índios.

Capricórnio. Semi-sedentários, os Tupi-Guarani praticam a agricultura em terras queimadas. Mais do que do produto das suas culturas, vivem da caça ou da pesca. A superioridade do seu modo de organização e os seus conhecimentos técnicos mais avançados permitiram-lhes, ao fim de uma longa evolução, empurrar para o interior a maior parte das populações que viviam ao longo da costa e pertenciam maioritariamente à família Macro-Gê. Os Índios Gê são geralmente nómadas que vivem exclusivamente da caça e da actividade recolectora. São bárbaros para os Tupi-Guarani, que os designam com o termo genérico de *tapuia* (selvagens) e transmitirão aos portugueses este desprezo que nutrem por eles. Isto não impede os portugueses de considerarem os próprios Tupi-Guarani como povos à margem da "civilização". Como dirão Magalhães de Gândavo e, depois, Gabriel Soares de Sousa, eles não conhecem nem Fé, nem Lei, nem Rei [21]. Andam completamente nus, sem qualquer vergonha. Praticam a antropofagia ritual. Mas, acima de tudo, são avessos a todo o trabalho sedentário. Com efeito, entre eles são as mulheres que trabalham a terra. Os homens dedicam-se exclusivamente à caça, à pesca e à guerra; não trabalham a menos que a isso sejam obrigados.

[21] Cf., sobre este ponto, J. S. da SILVA DIAS, *Os Descobrimentos e a Problemática Cultural do Século XVI*, Lisboa, Editorial Presença, 3.ª ed., 1988.

É precisamente o que vão fazer os portugueses praticamente desde que chegam ao Brasil[22]. Deste modo, mesmo antes da instituição dos capitães donatários, existem já escravos entre os "produtos" exportados das terras de Vera Cruz, juntamente com as madeiras, as plantas e os animais exóticos. Por outro lado, foram provavelmente usados escravos índios para o transporte do pau-brasil até aos portos de embarque com destino à metrópole. A escravatura intensifica-se com a instauração das capitanias e o surgimento da cultura açucareira. Na verdade, os portugueses mais não fazem do que reproduzir aí a prática que haviam adoptado na maioria das terras descobertas no decurso das expedições do século XV.

A escravatura, recordemo-lo, é comum durante toda a Idade Média. Juridicamente, ela é admitida sem reservas em caso de captura no decurso de uma guerra justa (ou seja, para retomar a célebre definição tomista, de uma guerra declarada por uma autoridade competente, por uma causa justa e com uma intenção recta). De facto, se se assiste progressivamente ao desapareci-

---

[22] Sobre os começos da escravatura no Brasil, cf. GEORG THOMAS, *Die Portugiesische Indianerpolitik in Brasilien, 1500-1640*, traduzido para português sob o título *Política Indigenista dos Portugueses no Brasil, 1500-1640*, ed. Loyola, São Paulo, 1982, e MATHIAS C. KIEMEN, "The indian policy of Portugal in America, with special reference to the old state of Maranhão, 1500-1755", *The Americas*, vol. 5, Washington, 1948.

POSFÁCIO | 109

mento dos escravos cristãos na Europa da Baixa Idade Média [23], a escravatura dos "infiéis" – na sua maioria, mouros – continua a ser uma prática corrente, nomeadamente na Península Ibérica [24]. Por isso, ocorrem, ao longo dos séculos XIV e XV, numerosos "saltos" (assaltos) sobre a costa e as ilhas africanas com vista à captura de indígenas para venda como escravos nos mercados europeus. De acordo com uma opinião comum na época, que geralmente se associa à doutrina de Hostiensis [25], os "infiéis" não possuem personalidade jurídica e, nessa medida, podem ser objecto de apropriação e de comércio. Mas existem outros argumentos para justificar estas práticas. Basta qualificar as guerras contra os africanos como "justas" para que os cativos possam ser legitimamente escravizados. E as expedições dos espanhóis e dos africanos em África situam-se no prolongamento das guerras da Reconquista. Não esqueçamos que a expansão dos reinos ibéricos na costa africana é feita sob o signo da cruzada: era necessário expandir a fé cristã em detrimento dos muçulmanos. É isto que explica que, durante o século XV, os monarcas

[23] No que respeita a Portugal, uma lei de D. Afonso III de 1211 tende já a reduzir a escravatura de cristãos a casos excepcionais.

[24] Sobre a questão, cf. CHARLES VERLINDEN, "Précédents et parallèles européens de l'esclavage colonial", *O Instituto*, vol. 113, Coimbra, 1949.

[25] Ou Ostiensis: trata-se de Henrique de Susa († 1271), cardeal de Óstia.

portugueses hajam procurado obter do papa o reconhecimento da natureza "justa" das suas acções [26]. De resto, esse reconhecimento é concedido sem dificuldade. Assim, a bula *Divino Amore Communiti* de 1452 (também conhecida sob a designação *Dum Diversas*) "concede" ao rei de Portugal o direito de fazer guerra aos sarracenos, "de os invadir, de os conquistar, de submeter os seus reinos, ducados, condados, principados e outros domínios". Este direito compreende logicamente o direito de reduzir à escravidão perpétua "todos os sarracenos,

[26] Não nos devemos iludir sobre o sentido desta iniciativa. Ela não implica, em si mesma, uma adesão dos reis de Portugal às concepções teocráticas que colocavam o poder do sumo pontífice num plano superior ao dos príncipes cristãos. Trata-se sobretudo, de acordo com o espírito da época, de uma precaução diplomática. A bênção papal servia, por assim dizer, como uma espécie de caução "internacional", podendo se necessário ser oposta a outros reinos cristãos. Sobre esta questão e seus desenvolvimentos, cf. ANTÓNIO DOMINGUES DE SOUSA COSTA, "O factor religioso, razão jurídica dos Descobrimentos Portugueses", *Actas do Congresso Internacional de História dos Descobrimentos*, vol. IV, Lisboa, 1961; CHARLES-MARTIAL DE WITTE, "Les bulles pontificales et l'expansion portugaise au XVe siècle", *Revue d'histoire ecclésiastique*, Louvaina, t. XLVIII (1953), t. XLIX (1954), t. LI (1956) e t. LIII (1958), bem como os estudos do historiador do direito ALFONSO GARCIA GALLO, "Los sistemas de colonización de Canarias y América en los siglos XV y XVI" e, sobretudo, "Las Bulas de Alejandro VI y el ordenamiento jurídico de la expansión portuguesa y castellana en Africa y Indias", publicados em *Los Orígenes Españoles de las Instituciones Americanas. Estudíos de Derecho Indiano*, Real Academia de Jurisprudencia y Legislación, 1987.

pagãos e outros infiéis" [27]. Não nos devemos chocar por esta atitude do papado. A doutrina cristã, nunca é demais recordá-lo, não é intrinsecamente contrária à escravatura. A Igreja permite aos seus fiéis a posse de escravos, contentando-se em exigir que sejam tratados com humanidade. O que importa é a liberdade *da alma*, não do corpo [28].

A partir de meados do século XV, quando os portugueses se entregam à procura de uma via marítima para contornar a África, a expansão toma um sentido ligeiramente diferente. Tratava-se então de tentar alcançar as terras míticas do Prestes João, que se julgavam estarem situadas na direcção do Levante. Com efeito, havia na altura a convicção de que existiriam terras a Oriente, em África ou na Ásia, que seguiam a palavra de Cristo. O papa Nicolau V nutria a ambição

---

[27] O papa, é certo, havia condenado, em 1433, as expedições destinadas a capturar escravos nas ilhas Canárias. Mas fê-lo por causa de os indígenas dessas ilhas se encontrarem já sob a "protecção" do ocupante (espanhol, nesse caso). Tratava-se, pois, de proteger os direitos de um príncipe cristão. Por outro lado, o papa baseava a sua condenação no facto de os indígenas em questão já se encontrarem baptizados ou em vias de sê-lo. Sobre este ponto, além da bibliografia citada na nota anterior, cf. A. C. de C. M. SAUNDERS, *História Social dos Escravos e Libertos Negros em Portugal (1441-1555)*, Lisboa, INCM, 1994.

[28] Cf. VERLINDEN, "Parallèles européens", *ob. cit.*, e SÍLVIO ZAVALA, *La Filosofía Política en la Conquista de América*, México, Fondo de Cultura Económica, 1993.

de se aliar a esses povos contra os muçulmanos [29]. Como tal, a bula *Romanus Pontifex* de 1455 realiza uma distinção entre, por um lado, "os Índios que, segundo se diz, adoram o nome de Cristo" e, por outro, "os sarracenos e outros infiéis". Esta bula é a primeira a instituir o célebre Padroado português do Oriente, que confia aos reis de Portugal a missão de edificar as igrejas, os mosteiros e outros lugares piedosos nos territórios conquistados, bem como o controlo dos sacerdotes e religiosos incumbidos de ministrar os sacramentos da Igreja. É isto que justificará, no século seguinte, a prerrogativa dos monarcas lusitanos indicarem os bispos para nomeação papal. Como contrapartida não desprezível da sua missão evangelizadora, os reis portugueses estão autorizados a arrecadar a dízima [30]. Mas a bula *Romanus Pontifex* não se limita a lançar as bases do Padroado: consagra igualmente a legitimidade do poder do rei português sobre as terras descobertas ao longo do caminho marítimo para a Índia e, consequentemente, sobre todos os pagãos que habitassem nesses territórios. Neste particular, reitera a concessão

[29] Na altura, a questão revestia-se de uma importância particular em virtude de Constantinopla ter acabado de cair nas mãos dos turcos (1453).

[30] Na sua qualidade de comendadores da Ordem de Cristo. Este cargo passou para a coroa após a chegada ao trono de D. Manuel. Cf., sobre este ponto, DE WITTE, "Les bulles pontificales...", *ob. cit.*

ao monarca e seus sucessores do direito de "invadir, conquistar, combater, vencer e submeter (...) os sarracenos, pagãos e outros inimigos de Cristo (...) e de [os] reduzir à escravatura perpétua". Esta concessão será novamente confirmada por Calisto III em 1456 na bula *Inter Cetera*, que confere à Ordem de Cristo jurisdição espiritual sobre os territórios conquistados. Como se vê, a Santa Sé continua a abençoar a escravização dos indígenas, desde que a mesma se circunscreva aos povos pagãos ou hereges encontrados ao longo do caminho para as Índias. É necessário aguardar pela bula *Ineffabilis*, concedida a pedido do rei D. Manuel em 1497, para ver estes objectivos serem mais matizados, falando-se desta feita de direitos sobre os infiéis que "sejam submetidos ao rei e hajam reconhecido a sua autoridade". Mas esta bula é, justamente, contemporânea da descoberta do caminho marítimo para a Índia, que se julgava estar povoado de gentes que "haviam ouvido falar de Cristo", sendo fáceis de converter por meios pacíficos.

Os portugueses que desembarcam no Brasil em 1500 sabem que esse território não é a Índia e que os indígenas que correm nus na praia não são súbditos do Prestes João. Desta forma, comportam-se naturalmente da mesmo modo que em África ou nas ilhas atlânticas. Para mais, os escravos são-lhes fornecidos pelos próprios Índios, que lhes vendem os inimigos capturados na sequência de guerras tribais. Depois, a partir do momento em que os portugueses realizam "saltos" no interior da terra, tomam como escravos os membros das tribos que lhes são hostis. Tais práticas poderiam considerar-se legítimas de acordo com o direito da época[31], pelo menos durante os primeiros decénios da colonização, quando ainda eram pontuais e as necessidades de mão-de-obra pouco importantes. Em seguida, com o desenvolvimento da cultura açucareira, multiplicam-se as expedições guerreiras, muitas vezes com o fim exclusivo de capturar Índios. A necessidade premente de encontrar mão-de-obra e os lucros criados pelo comércio dos cativos fazem com que os colonos se não perturbem por escrúpulos teológicos, nem sequer jurídicos. Seja como for, tais expedições acabam por se voltar contra os próprios colonos, pois colocam a maioria das tribos do interior em pé de guerra. Atiçadas pelos franceses, as revoltas indígenas tomam rapidamente proporções inquietantes. Os portugueses brincavam com o fogo. Em pouco tempo, os capitães donatários mostram-se incapazes de controlar a situação.

É isto que explica as primeiras interrogações sobre a política da coroa em relação aos indígenas. Ou, acima de tudo, a ausência de política. Os conselheiros de D. João III apercebem-se de que é imprescindível intervir para salvar a situação. A preocupação em pacificar as

---

[31] As *Ordenações Manuelinas* tratam expressamente da venda dos escravos, que são considerados uma categoria de coisas.

tribos em guerra está no centro das considerações que levam o monarca a instituir um governo geral da província. Por isso, o primeiro governador, Tomé de Sousa, embarca para o Brasil na companhia de padres jesuítas cuja missão era evangelizar os Índios. São estes jesuítas que, em primeiro lugar, questionam a escravização dos indígenas. Desde a sua chegada a Salvador da Baía, mostram-se escandalizados ao verem colonos possuírem escravos adquiridos "ilegalmente" [32]. Deve referir-se que os sacerdotes desembarcam no Brasil plenamente imbuídos do novo rigor moral pregado pela maior parte das grandes correntes religiosas do século XVI. Por outro lado, estão doutrinados nas novas concepções teológicas e jurídicas que eram então ensinadas nas grandes universidades espanholas a propósito da legitimidade da conquista e dos direitos dos indígenas americanos.

A ESCOLA ESPANHOLA DA PAZ

Não pode fazer-se aqui a história pormenorizada daquilo que já se chamou "a luta pela justiça na conquista da América" [33]. Bastará recordar que, desde o início da colonização espanhola, com os célebres ser-

---

[32] Cf. a carta do padre Manuel da Nóbrega de 6 de Janeiro de 1550.

[33] É o título da obra clássica de LEWIS HANKE, *The Spanish Struggle for Justice in the Conquest of America*, 1949.

mões de António de Montesinos na ilha de Hispaniola (Haiti), em 1511, desenvolveu-se uma polémica sobre a legitimidade do domínio dos reis católicos sobre a América e os Índios. Esta polémica é complexa. Ela entra, desde logo, no plano jurídico. Que títulos jurídicos permitiam à coroa de Espanha ocupar as terras descobertas? Existiria o direito de fazer a guerra com os indígenas que habitavam tais territórios e, nesse caso, de os escravizar? Estas questões ligam-se indissociavelmente a problemas religiosos. A evangelização dos gentios justifica a conquista das suas terras? Poder-se-ia obter de outra forma a conversão dos indígenas da América? Isto conduz a uma terceira série de problemas, desta feita de natureza filosófica. Os Índios são livres? Não estarão demasiado afastados da civilização para que nos possamos comportar em relação a eles como o fazemos para com as pessoas plenamente capazes e responsáveis? Esta controvérsia não é meramente teórica. Ela tem repercussões sobre as formas de administração dos novos territórios e sobre a sua organização política. E irá dar lugar às leis que visam progressivamente proteger a sorte dos Índios: *Leyes de Burgos* de 1512, *Leyes Nuevas* de 1542, *Ordenanzas* de 1573. Inicia-se então um lento processo, que culminará na autonomia do direito das Índias de Castela, consagrada pela *Recopilación de las leyes de los reinos de las Indias* de 1680.

A estas questões foi consagrada uma abundante literatura, designadamente a obra de Bartolomeu de Las

Casas, infatigável defensor dos Índios e, sem dúvida, um dos autores mais radicais na crítica dos fundamentos do domínio espanhol da América. Mas a figura emblemática do célebre dominicano não deve obscurecer outros autores que se debruçaram sobre estes problemas. Las Casas não é um lutador isolado, bem longe disso. Ele não é mais do que uma voz particularmente virulenta que faz eco, não sem alguma aproximação, das reflexões de numerosos teólogos, juristas e professores cuja influência exercida sobre os soberanos espanhóis não deve ser menosprezada. É entre esses autores, sobretudo os jesuítas da "segunda geração" da escola espanhola da paz [34], que se encontram as fontes doutrinárias invocadas pelo padre Vieira nos seus escritos sobre os Índios.

É necessário salientar que a questão da servidão dos indígenas se colocou em termos diversos na América espanhola e nos territórios portugueses de África e do Brasil. De facto, quando Colombo desembarca nas Antilhas julga ter chegado a ilhas situadas ao largo da costa oriental da Índia. Para ele, não se colocava, pois, a questão de assimilar os habitantes dessas paragens aos seguidores de Maomé. O erro de Colombo será

---

[34] Esta expressão é tirada de LUCIANO PEREÑA, no seu estudo introdutório ao tratado de JUAN DE LA PEÑA, *De Bello contra Insulanos*, Corpus Hispanorum de Pace, Madrid, Consejo Superior de Investigaciones Científicas, 1982.

partilhado, durante largos anos, pelos reis católicos. Estes últimos não pretendem tratar os Índios como os povos de África. Pelo contrário, por pensarem ter alcançado as terras do Grande Khan, onde haviam "ouvido falar de Cristo", querem tratar desde logo os Índios como homens livres. Assim, já em 1500, uma assembleia de juristas e de teólogos, convocada pelos reis católicos, declara os Índios livres e proclama-os como iguais aos camponeses de Castela [35]. Este facto é frequentemente esquecido, mas reveste-se de uma importância fulcral. Perde-se de vista que os autores espanhóis que, a partir de Montesinos e ao longo de todo o século XVI, se insurgem contra os atropelos à liberdade dos Índios, referem-se, na verdade, a um determinado enquadramento jurídico. Tais autores não falam apenas em nome da justiça natural ou de princípios morais ou religiosos. Falam também em nome do direito "positivo", que reconhecia claramente a diferença entre os indígenas americanos e os povos hereges que se encontravam em guerra com a Cristandade.

É certo, porém, que algumas correntes mais radicais negarão a liberdade dos Índios em nome da sua natureza "selvagem". É a tese do humanista Juan Ginês de Sepúlveda na sua obra *Democrates secundum*, que pre-

---

[35] Cf, entre tantas outras, as obras citadas de LEWIS HANKE e GARCIA GALLO.

tende demonstrar, apoiando-se na *Política* de Aristóteles, que os Índios são escravos "por natureza". Mas esta tese, que para mais só é formulada numa fase relativamente tardia[36], está longe de representar uma corrente maioritária. Recordemos que a famosa "controvérsia de Valladolid" (1550-51) entre Sepúlveda e Las Casas nasceu da proibição do livro de Sepúlveda, por iniciativa das universidades de Alcalá e Salamanca. E, uma vez que a assembleia de teólogos convocada para resolver aquela questão nunca proferiu a sua decisão, o *Democrates secundum* não obtinha o *imprimatur*, pelo que a sua primeira edição só acabou por ocorrer no século XVIII[37]. Na verdade, Sepúlveda representa uma posição extrema, apoiada pelos colonos em virtude da sua exasperação perante certas leis protectoras dos Índios, nomeadamente as *Leyes Nuevas* de 1542, que proibiam pura e simplesmente a servidão dos Índios, mesmo em caso de guerra justa. Se existe uma corrente maioritária na Espanha do século XVI, é a que nega que os Índios sejam escravos por natureza. Em 1539, o grande teólogo Francisco de Vitoria toma categorica-

---

[36] Sobre as primeiras tentativas de justificação da escravatura dos indígenas em virtude da sua "barbárie", que acabarão por os tornar escravos "por natureza", cf. *La Teologia y los Teólogos-juristas Españoles ante la Conquista de América*, do padre dominicano VENANCIO CARRO (Salamanca, 1951).

[37] Sobre esta polémica, pode ver-se o clássico *The Spanish Struggle...*, cit., de LEWIS HANKE.

mente partido por aquela corrente nas suas lições sobre os Índios. A escravidão "por natureza", segundo ele, só pode existir em casos excepcionais, designadamente nos indivíduos privados de razão. Este não é o caso dos Índios, que são criaturas racionais, como o comprovam a sua organização social e a sua "espécie de religião" [38]. Esta ideia será retomada pelo seu discípulo Domingo de Soto e posteriormente pela quase totalidade dos teólogos e juristas espanhóis dos séculos XVI e XVII.

Uma outra ideia era então criticada na maior parte das universidades da Península: segundo ela, o papa dispunha de autoridade sobre os povos infiéis e podia, em razão de tal autoridade, conceder direitos sobre aqueles povos aos príncipes cristãos. Em relação a este ponto, Vitoria segue sem hesitar São Tomás, contra os sequazes da doutrina de Hostiensis. Todo o homem, enquanto criatura racional, é titular de direitos, seja qual for a sua religião. Esses direitos pertencem-lhe *por natureza* e devem ser respeitados, incluindo pelo papa, cuja autoridade é apenas espiritual e se não estende para além da Cristandade. O Sumo Pontífice não tem, assim, o direito de "conceder" a quem quer que seja direitos sobre os povos infiéis ou sobre os territórios em que habitam. Em consequência, Vitoria nega que as célebres bulas de Alexandre VI, redigidas sobre o

---

[38] *Leçons sur les Indiens* (1537-1538), I parte, III, tradução francesa de Maurice Barbier, Genebra, Librairie Droz, 1966.

modelo das bulas portuguesas atrás referidas [39], pudessem outorgar aos reis de Espanha o direito de ocupar os territórios americanos ou de aí fazer guerra aos Índios. Os únicos "títulos" capazes de justificar a intervenção espanhola na América são, de acordo com o famoso teólogo de Salamanca, o direito de fazer comércio e o direito de evangelizar os indígenas. O direito de evangelização pode, decerto, dar lugar à intervenção armada do monarca, por exemplo para levantar os entraves colocados ao proselitismo ou para defender os cristãos, mas tem sempre como pressuposto que os indígenas aderem livremente à religião. A conversão não pode ser forçada.

Estas ideias não são verdadeiramente novas, mas a sua generalização representa um nítido avanço em relação às concepções que predominavam dois séculos atrás. Este avanço é perceptível sobretudo nas universidades. Em Salamanca, Domingo de Soto prolonga o magistério de Vitoria e desenvolve-o. A partir daí, estas ideias passarão naturalmente para outras universidades da Península, onde serão difundidas por toda uma geração de teólogos (Martín de Ledesma, Bañez, Juan de la Peña) e de juristas (Covarrubias, Vasquez de Men-

---

[39] Sobre a influência das bulas portuguesas nas bulas de 1493, v. o artigo citado de GARCIA GALLO, "Las Bulas de Alejandro VI...", *ob. cit.*, nota 1 da p. 102.

chaca, Baltasar de Ayala)[40]. Finalmente, atravessarão o oceano para tomarem lugar nas primeiras universidades da América. Como se vê, em Espanha não faltaram vozes a lembrar que os Índios possuíam direitos. E este movimento não fica limitado à universidade, uma vez que os teólogos e os juristas de que falamos são também conselheiros dos poderosos. Não por acaso, o papa vai aderir inequivocamente às novas concepções da "escola da paz", que são tornadas dogma na bula *Sublimis Deus* de 9 de Junho de 1537, a qual condena a assimilação dos povos infiéis aos animais selvagens. A bula refere-se àqueles que, para "satisfazer a sua ambição", sustentam que os povos infiéis recentemente descobertos "devem ser, para nosso serviço, subjugados como os animais em virtude de se mostrarem inaptos para a fé católica". Paulo III reprova estas concepções, que se reclamam sem razão da Igreja[41], e declara

[40] Para uma síntese destas correntes, cf. VENANCIO CARRO, *La Teologia...*, cit. Um pouco datada, esta obra pode ser completada pelos textos de numerosos teólogos-juristas publicados nos últimos anos, em particular na colecção "Corpus Hispanorum de Pace", editada pelo *Consejo Superior de Investigaciones Científicas* espanhol.

[41] Sobretudo, ele precisa a doutrina oficial da Igreja para esclarecer aqueles que, mesmo no seio do clero, têm dúvidas sobre esta importante questão. Neste sentido, poderá dizer-se que a bula *Sublimis Deus* se dirige menos aos príncipes e seus representantes do que ao clero, que não sabia bem como deveria tratar os Índios. Cf. GARCIA GALLO, "La condición jurídica del Indio", *Los Orígenes Españoles...*, *ob. cit.*

que, pelo contrário, os infiéis devem "ser encaminhados para a fé cristã pela pregação da palavra divina e o exemplo da vida honesta". Por outro lado, a nova escola exerce uma influência decisiva sobre a política dos reis católicos. É certo que a coroa continuará a referir-se às bulas de Alexandre VI para justificar a sua soberania na América. Mas isto é feito sobretudo por precaução, sempre com invocação de outros "títulos" susceptíveis de apoiarem as suas pretensões. Em matéria de direito internacional, no século XVI como hoje em dia, nunca se é demasiado prudente... [42]. Isto não os impede de proclamar que a sua soberania deve respeitar os direitos naturais dos indígenas, incluindo os seus direitos "políticos". Toda a história da legislação "indigenista" de Castela é feita de intervenções dos monarcas no sentido de recordar os direitos dos Índios e de impedir que os colonos não ponham em causa a sua "liberdade natural".

De igual modo – e este é um ponto crucial –, a escravatura não é considerada em si mesma como contrária ao direito. A escravatura é permitida, na América como noutros lugares, pelas normas do direito da guerra. Vitoria, reconhecendo que a escravidão não parece

---

[42] Em rigor, é apenas no século XVIII, na sequência da assinatura do tratado de Madrid entre portugueses e espanhóis (1750), que essa referência desaparecerá por completo, em favor da ocupação efectiva e do princípio do *uti possidetis*.

admissível "numa guerra entre cristãos", admite expressamente o direito de "conduzir ao cativeiro e escravizar os filhos e as mulheres dos Sarracenos" [43]. O próprio Las Casas propõe, em 1517, a importação de escravos negros para colonizar a *Tierra Firme*. A escravatura também não repugna a autores como Soto, Bañez, Vasquez de Menchaca, Molina ou aos seus seguidores do século XVII, Suárez e Juan de Solórzano Pereyra. Evitemos, pois, pôr na boca dos teólogos e dos juristas da "segunda escolástica" espanhola aquilo que não disseram. A única ideia que condenam é a que sustenta que a natureza torna escravos certos povos ou certos indivíduos. Afirmam, pelo contrário, que o que é natural, ou seja, conforme à *lei natural*, é a liberdade. Mas esta lei *natural* é objecto de derrogação nos casos expressamente previstos pelo direito. Neste ponto, aqueles autores seguem naturalmente as doutrinas medievais e, em particular, São Tomás. A escravatura pode, desde logo, resultar da captura na sequência de uma guerra justa. Pode ser também uma herança de sangue, transmitindo-se a condição servil de pais para filhos. Certos autores chegam mesmo a admitir a escravatura de base contratual – o contrato nos termos do qual os pais vendem os filhos que são incapazes de alimentar –, mas a questão é controvertida. Destituídos de personalidade

[43] V. a resposta à terceira questão na terceira parte da sua *Lição sobre o direito da guerra* (1538-1539).

jurídica, os escravos podem ser objecto de transacções. O adquirente toma posse deles como de uma coisa, desde que o faça de boa fé, ou seja, que esteja convencido da legalidade da venda. Em síntese, para retomar a expressão feliz de Sílvio Zavala, o combate contra a "escravatura natural" é conduzido sem prejuízo da "escravatura legal" [44].

O que parece certo, no entanto, é que a escravatura dos Índios da América do Sul se encontra progressivamente marginalizada *no plano dos factos*. Na verdade, se as novas doutrinas teológico-jurídicas não questionam directamente a escravatura em si mesma, reconhecem apesar de tudo uma certa soberania dos Índios sobre os seus territórios. Em consequência, torna-se mais problemático considerar as guerras de conquista como guerras "justas". Essas guerras só serão admissíveis a partir do momento em que os espanhóis defendem os Índios convertidos dos ataques de outros Índios ou quando debelam as revoltas de indígenas sujeitos à coroa a outro título que não a conquista. Mas mesmo estas situações vão sendo progressivamente proscritas. Perante os numerosos abusos perpetrados pelos colonos, e perante a insistência dos religiosos e de outros defensores da causa índia, Carlos V acaba por proibir pura e simplesmente a servidão dos Índios "seja a que título for", incluindo em caso de guerra. É este o

[44] *La Filosofia Política...*, *ob. cit.*, pp. 92-93.

objecto das *Leyes Nuevas* de 1542. Mais tarde, as *Ordenanzas* de 1573 reconheceram aos indígenas o gozo pleno dos seus direitos políticos e da sua independência, "em conformidade com o direito natural", desde que se submetam voluntariamente aos monarcas espanhóis. É certo que subsistirá um desfasamento entre aquilo que em Espanha proclamam estes decretos e a realidade da vida colonial, Com efeito, continuar-se-á a capturar e a escravizar os Índios em caso de guerra, nomeadamente de guerra defensiva. Mas tais práticas tornam-se excepcionais e circunscrevem-se às zonas mais remotas ou próximas das fronteiras, em particular no caso de vizinhança com tribos irredutivelmente hostis aos europeus [45].

É evidente que esta evolução não se deve em exclusivo às disputas teóricas entre teólogos. Outros factores favorecem o desaparecimento progressivo da escravatura índia, entre os quais dois, pelo menos, se afiguram essenciais. O primeiro é a importação em massa de escravos negros. Tais escravos vêm maioritariamente dos territórios portugueses e fornecem uma mão-de--obra cada vez mais importante para o desenvolvimento das novas conquistas. O comércio de negros não colocava na altura grandes problemas jurídicos. Algumas vozes isoladas levantam-se para perguntar a que título

[45] Cf. o estudo de Sílvio Zavala, *Los Esclavos Indios en Nueva España*, México, El Colégio Nacional, 1994.

eram escravizados os africanos. O próprio Las Casas, no final da vida, renegará a sua posição em favor da introdução de escravos negros na América e sustentará que as mesmas razões que o haviam conduzido a defender os direitos dos Índios o levam a defender os povos de África. Mas a maioria dos autores da "escola da paz" não vai tão longe. A questão de saber a que título os escravos africanos são capturados concerne ao rei de Portugal. Ora, como observou judiciosamente Vitoria, não é possível supor que um monarca tão poderoso houvesse capturado escravos por erro ou contra o direito, o que violaria a sua consciência [46].

Por outro lado, deve sublinhar-se o segundo factor: a *liberdade* reconhecida aos Índios em conformidade ao direito natural não implica necessariamente uma plena *capacidade* de exercício dos seus direitos. Em especial, ela não se opõe ao *trabalho forçado* dos indígenas. Lembremos, na esteira do historiador Garcia Gallo [47], que no século XVI a Revolução francesa e o princípio da igualdade perante a lei ainda estavam bem longe. Desde os inícios da conquista, coloca-se a questão do

[46] "Carta de Fray Francisco de Vitoria al padre Fray Bernardino de Vique acerca de los esclavos que trafican los Portugueses y sobre el proceder de escribanos", VICENTE BELTRÁN DE HERÉDIA, "Collección de Dictémenes Inéditos", *Ciência Tomista*, tomo 43, 1931, pp. 173-174. Cf. SÍLVIO ZAVALA, *La Filosofía Política*, cit., pp. 97-98.

[47] Cf. "La condición jurídica del Indio", *Los Orígenes Españoles...*, *ob. cit.*

estatuto social que deve ser conferido aos Índios. Começarão por ser proclamados iguais aos camponeses de Castela, mas rapidamente se toma consciência de que este paralelismo é, em grande medida, artificial: os Índios revelam-se incapazes de trabalhar como os camponeses europeus. É neste contexto que são introduzidas diversas medidas de *tutela*, destinadas a ensinar aos Índios os princípios da civilização e da religião. A mais famosa destas instituições é a *encomienda*, que dará lugar a numerosos abusos e abrirá controvérsias intermináveis[48]. Mas esta instituição não é a única baseada naquela ideia[49]. Diversos modos de governo dos Índios visam facilitar a sua "educação" e, em especial, a sua aprendizagem do trabalho à maneira europeia. Na realidade, trata-se de extrair as consequências das concepções defendidas pela "escola da paz" sobre a justificação do domínio espanhol. Com efeito, a ideia de que os reis de Espanha (ou os seus representantes) podem exercer uma espécie de tutela sobre os Índios não repugna a Vitoria, ainda que ele seja prudente neste ponto, sublinhando que tal tutela deve servir exclusivamente o interesse dos indígenas. Os discípulos do dominicano aprofundarão de forma considerável os

[48] A obra de referência nesta matéria ainda é o estudo de SÍLVIO ZAVALA, *La Encomienda Indiana*, 2.ª ed. revista, México, ed. Porrúa, 1973.

[49] Cf. SÍLVIO ZAVALA, *Las Instituciones Jurídicas en la Conquista de América*, 2.ª ed. revista, México, ed. Porrúa, 1971.

ensinamentos do seu mestre sobre este ponto. Pouco a pouco, impõe-se a ideia segundo a qual os Índios devem ser juridicamente considerados como menores e podem ser sujeitos a uma autoridade que os proteja, do mesmo passo que sobre eles exerça um controlo indulgente. Esta ideia vai levá-los a beneficiar, pelo menos de um ponto de vista teórico, de um regime relativamente protegido: podem ser obrigados a trabalhar, mas devem ser remunerados com um salário previamente fixado. Por outro lado, procurar-se-á confiar a sua administração a pessoas responsáveis que não tenham a tentação de abusar do seu poder. Neste sentido, o governo dos Índios será cada vez mais confiado às ordens religiosas. Desde logo, aos franciscanos e aos dominicanos. Depois, a partir de meados do século XVI, aos jesuítas.

Chega-se assim a um ponto de equilíbrio. O rei dispõe de um certo poder sobre os Índios mas *sob condição* de respeitar os seus direitos naturais e de velar pelos seus interesses, promovendo nomeadamente a sua adaptação à civilização europeia; por outras palavras, cristianizando-os. Para o efeito, deve usar de moderação e de bondade, pois ninguém os pode converter à força. Ninguém, ou seja, nem mesmo o papa. Em quem deve apoiar-se o rei nesta empresa? Nas ordens religiosas. Teólogos notáveis, Vitoria, Soto, Peña são também, recordemo-lo, membros da ordem dominicana. E as outras ordens encontram-se igualmente bem representadas na "escola da paz": Juan de Medina é franciscano; Acosta, Molina e Suárez, jesuítas. Deste modo, não é sem segundas intenções que estes autores se empenham em desenvolver uma teoria que confere aos reis católicos um poder de tutela sobre os Índios. Neste sentido, alguns deles propor-se-ão distinguir diversas categorias de infiéis, segundo o seu "grau de civilização". A mais conhecida destas classificações foi realizada pelo jesuíta José de Acosta, que distinguiu: por um lado, os povos racionais dotados de governos, de leis públicas, de magistrados e conhecedores da escrita (nomeadamente os povos da Ásia); por outro, aqueles que, desconhecendo a escrita e a ciência, possuem magistrados, chefes militares e um certo esplendor nos cultos religiosos, mas cujos costumes, os ritos e as leis autorizam certos "desvios monstruosos" (no México e no Peru, por exemplo); por fim, os que não dispõem de instituições, de leis ou de habitações e vivem como animais [de que apresenta o exemplo dos *Caribe*[50]]. No caso da primeira categoria de bárbaros, Acosta só admite meios de evangelização pacíficos. Mas em relação às outras duas, não exclui que uma certa coerção se torne necessária. Esta teoria de Acosta terá numerosos seguidores e orientará, em larga medida, a política de missionação jesuíta.

[50] Cf. *De Procuranda Indorum Salute*, preâmbulo.

OS JESUÍTAS E AS PRIMEIRAS LEIS BRASILEIRAS SOBRE OS ÍNDIOS

Os jesuítas que desembarcam no Brasil em 1549 com o governador Tomé de Sousa sofreram certamente a influência do ideário da "escola espanhola da paz", que se tornou praticamente a doutrina oficial da Igreja com a bula *Sublimis Deus* de 1537. Na verdade, os primeiros jesuítas portugueses são universitários com uma ligação profunda ao mundo das letras[51]. E os seus irmãos brasileiros[52] irão, naturalmente, permanecer em contacto com esses meios intelectuais, como o comprova a sua volumosa correspondência. Ora, as controvérsias teológico-jurídicas espanholas tiveram desde cedo eco nos meios letrados lusitanos.

Desde a década de 1540, escritos portugueses desenvolvem pontos de vista muito próximos das novas concepções da escola de Vitoria, em particular o anónimo *Tratado sobre a guerra que será justa*[53]. De forma ainda mais directa, estas ideias serão difundidas nas princi-

[51] Criada desde os inícios dos anos 1540 por Simão Rodrigues, a província de Portugal é a primeira da Sociedade. Sobre as circunstâncias da sua criação, cf. MARCEL BATAILLON, *Études sur le Portugal au temps de l'humanisme*, Paris, Fundação Calouste Gulbenkian – Centro Cultural Português, 1974.

[52] Em 1553, Inácio de Loiola cria a província do Brasil através de uma carta datada de 9 de Julho.

[53] Cf. SILVA DIAS, *Os Descobrimentos e a Problemática Cultural do Século XVI, ob. cit.*, p. 182.

pais universidades portuguesas. Martin de Azpículeta Navarro é professor em Coimbra. O dominicano Martin de Ledesma ensina nesta universidade entre 1548 e 1550 e, de novo, entre 1555 e 1557. Mais tarde, será a vez do ilustre jesuíta Francisco Suárez. Anteriormente, Luis de Molina, outro grande nome da Companhia, havia exposto a maior parte das teses do seu *De iustitia et de iure* no colégio de Évora. Todos estes teólogos haviam sido formados nas universidades de Salamanca ou de Alcalá, onde tomam contacto com os debates sobre a questão índia. O seu magistério retoma as teses de Vitória, apoiando-se muitas vezes directamente na autoridade do seu nome [54]. Condenam em especial a teoria da "natureza servil" dos infiéis. À semelhança do mestre de Salamanca, os professores das universidades portuguesas admitem, no entanto, a escravatura nos termos previstos pelo direito da guerra. De um modo geral, as ideias que sobre o tema circulam em Portugal são menos audaciosas do que as do país vizinho. Molina insistirá sobretudo sobre o direito de evangelização, o

[54] Profundamente impregnado da filosofia tomista, Vitoria reformou o ensino escolástico de forma a conceder um espaço privilegiado às lições de S. Tomás. É ele o primeiro a substituir a leitura das "sentenças" de Pedro Lombardo pelo comentário da *Suma teológica*. Este movimento será seguido na maioria das universidades da Península. Sempre que se comentam as lições de S. Tomás sobre o direito da guerra, as ideias de Vitoria surgem naturalmente no nosso espírito.

POSFÁCIO | 133

único título que, em seu entender, lhe parece poder autorizar a intervenção dos reis portugueses [55]. Mas, pragmático, não se esquecerá de acrescentar que "se alguns destes gentios, ou os seus reis ou chefes se opuserem [à pregação do Evangelho feita pelos missionários] será permitido obrigá-los através da guerra" [56]. No entanto, os avanços não serão significativos em relação às concepções dominantes no século XV.

Neste contexto, compreende-se que os "apóstolos", como então eram designados os jesuítas, se mostrem escandalizados pela maneira como os colonos brasileiros se serviam dos Índios, usando os que lhes caíam nas mãos nas suas plantações de cana-de-açúcar, quer fossem inimigos ou aliados e sem quaisquer preocupações de ordem religiosa. Sobretudo no Brasil, o trabalho indígena assume inequivocamente a forma da escravatura. Nem sequer se esconde sob um artifício jurídico semelhante ao regime de *encomienda*, apresentado como instrumento destinado a promover a protecção e a educação dos Índios. As cartas outorgadas aos capitães donatários conferiam-lhes expressamente o direito de

[55] Molina evita, no entanto, retomar a ideia do comércio. A questão tornou-se mais delicada com a crescente concorrência de outras nações europeias.

[56] *De iustitia et iure, tomi Sex*, 1593-1609, tomo 1, col. 192 (tradução espanhola de Manuel Fraga Iribarne, *Los Seis Libros de la Justicia y el Derecho*, Madrid, 1941-1944). Cf. SILVA DIAS, *Os Descobrimentos...*, *ob. cit.*, p. 198.

utilizar os escravos de que necessitassem, bem como de vender anualmente um certo número deles em Lisboa sem pagar quaisquer direitos[57]. Também os "saltos" surgem, desde o início, como o meio normal de obter a mão-de-obra indispensável ao florescimento das explorações, pertencessem elas aos capitães ou aos colonos. E a questão de saber se estas expedições constituíam guerras "justas" não preocupa excessivamente a sociedade colonial, composta em larga medida por criminosos expulsos da metrópole.

Os jesuítas não têm, contudo, apenas razões morais para se insurgir contra as práticas dos colonos. A sua chegada ao Brasil coincide com a tomada de consciência, por parte de D. João III, do falhanço da política de colonização "privada" e do sistema das capitanias. Na altura, começava a tomar-se consciência de que uns grupos de mercenários e renegados não eram capazes de assegurar o domínio português sobre o imenso Brasil. Se se queria conservar o território, era necessário ocupá-lo de forma efectiva, o que supunha que se colonizasse *com* os Índios e não *contra* os Índios. Os jesuítas apercebem-se claramente de que a sua missão evangelizadora era parte integrante da nova estratégia de colonização da província. A sua empresa é, para mais, financiada desde o início pela coroa, que lhes forneceu,

---

[57] Cf. Paulo Merêa, "A solução tradicional da colonização do Brasil", *ob. cit.*

além dos mantimentos, uma renda de um cruzado por missionário e auxílio para a construção das igrejas. Depois, os padres obtêm, desde 1550, sesmarias destinadas a permitir-lhes obter os recursos necessários à evangelização[58]. Esta política será prosseguida pelos sucessores de D. João III, o cardeal D. Henrique e, depois, o rei D. Sebastião[59]. Beneficiando do apoio régio, os jesuítas desembarcam, assim, em larga medida para apresentar um novo modelo de "conquista" dos Índios, desta feita pacífico. Eles não hesitam, por outro lado, em recordar que o seu trabalho é altamente benéfico para a coroa: as almas que ganharão para Deus serão também aliados, nomeadamente nos conflitos existentes com os franceses.

Desde muito cedo, os sacerdotes percebem, contudo, que o seu trabalho será árduo. Os indígenas, com efeitos, mostram-se impermeáveis à pregação do Evange-

[58] Sobre o financiamento das missões jesuítas do Brasil, cf. GEORG THOMAS, *Política Indigenista dos Portugueses no Brasil: 1500--1640, ob. cit.*, e SERAFIM LEITE, *História da Companhia de Jesus no Brasil*, Rio de Janeiro/Lisboa, Instituto Nacional do Livro/Livraria Portugália, 1938-1950.

[59] Desde a fundação da província de Portugal, os jesuítas exerceram uma grande influência sobre os reis portugueses. Neste particular, Vieira mais não fará do que prosseguir a tradição. Sobre este ponto, cf. o artigo de JOÃO FRANCISCO MARQUES, "Confesseurs des princes, les jésuites à la Cour de Portugal", in LUCE GIARD e LOUIS DE VAUCELLES (dirs.), *Les jésuites à l'âge baroque, 1540-1640*, Grenoble, Jérôme Millon, 1996.

lho, difíceis de civilizar, inconstantes. À semelhança do que sucedeu no Peru ou em África, os padres tomam consciência de que enfrentam indivíduos completamente estranhos às noções mais elementares da "civilização". Além da antropofagia ritual, que desempenha entre eles um papel social crucial[60], entregam-se à bebida e à luxúria com frenesim. São polígamos e praticam o incesto[61]. Por outro lado, desconhecem os princípios básicos de organização política[62]. Por fim, massacram despudoradamente os portugueses, incluindo os padres da Companhia. Como proceder, então, à conversão destes selvagens, "tão bestiais que o seu coração está fechado a tudo o que respeita a Deus

[60] Cf., sobre este ponto, ALFRED MÉTRAUX, *La civilisation matérielle des tribus Tupi-Guarani*, Paris, 1928; *Religions et magies indiennes d'Amérique du sud*, Paris, 1968.

[61] Nas sociedades índias, a poligamia era um privilégio dos poderosos, nomeadamente dos chefes. Quanto ao incesto (ou, pelo menos, quanto àquilo que os religiosos consideravam como tal), decorre do sistema de parentesco característico da maioria das tribos do Brasil. Na maior parte dos casos, o homem casava com a filha do seu tio materno. Poderia também desposar a sua sobrinha (filha da sua irmã). Por outro lado, Vieira escandalizou-se, em Ibiapaba, pelo costume de o homem casar com a mulher do seu falecido irmão. As estruturas dos laços de parentesco nas tribos do Brasil foram estudadas abundantemente pelos etnólogos, em particular por Claude Lévi-Strauss.

[62] Sobre a organização política, cf. as análises de PIERRE CLASTRES na *La société contre l'État*, Paris, les éditions de Minuit, 1974 e *Recherches d'anthropologie politique*, Paris, éd. Du Seuil, 1980.

e tão encarniçados em matar e em devorar que se mostram incapazes de desejar outra coisa do mundo"? É a questão que coloca o padre Nóbrega no *Diálogo sobre a conversão dos gentios* (1556)[63]. A resposta que apresenta, por intermédio do ferreiro Nogueira, é bastante matizada: a persuasão, o sacrifício e o exemplo são infrutíferos e, enfim, é necessário contar com Deus para que se realize um tal milagre. Mas por mais de uma vez, no entanto, os padres, desencantados, desejam uma ajuda mais terrestre. O próprio Anchieta, "santo Anchieta" como lhe chamará Vieira, deixa-se vencer pela fúria, numa carta de Março de 1555 dirigida a Inácio de Loyola: "Porque é que se mantém sobre a terra esta peste, que contamina todo o mundo com os seus crimes nefandos? Erradiquemo-la de uma vez por todas, se quisermos impedir que o nome de Cristo desapareça das almas cristãs! (...) E logo agora que se acaba de descobrir ouro, prata, ferro e outros metais em grande abundância, mesmo nas casas onde eles vivem; isto não deixará de incitar o Sereníssimo Rei de Portugal a enviar-nos uma armada suficientemente poderosa para acabar com estes malditos que resistem à pregação do Evangelho e para os submeter ao jugo da escravatura; então, irão respeitar os que estão próximos de Cristo.

---

[63] *Cartas dos Primeiros Jesuítas do Brasil*, II, ed. Serafim Leite, S.J., São Paulo, 1954, pp. 317-345.

Possa o Senhor satisfazer as nossas esperanças neste sentido!" [64].

Perante estas dificuldades, os jesuítas apercebem-se de que a eficácia da sua acção não pode fundar-se somente na pregação. É necessário atacar os "vícios profundos" dos Índios, a começar pelo nomadismo. Assim, irão agrupá-los em aldeias e tentarão que aprendam a viver e trabalhar como os camponeses europeus. É desta forma que surgem as aldeias, que prenunciam já as suas próximas congéneres, as célebres *reducciones* do Paraguai. Conhecem-se os efeitos deste sistema. Ele conduziu, nomeadamente, à destruição completa das estruturas sociais das tribos indígenas. Por outro lado, acelerou a propagação de epidemias mortíferas. Mas, sobretudo, veio criar tensões permanentes entre os jesuítas e os colonos. Como seria possível que estes últimos não tivessem a tentação de recorrer àquelas imensas reservas de mão-de-obra? É neste contexto, com vista a proteger os Índios governados nas aldeias, que os jesuítas vão pressionar no sentido da adopção das primeiras "leis índias" do Brasil [65].

[64] *Cartas dos Primeiros Jesuítas do Brasil*, II, *ob. cit.*, pp. 193-209.

[65] Sobre as primeiras leis de protecção dos Índios no Brasil, cf. o trabalho de GEORG THOMAS, *Die Portugiesische Indianerpolitik in Brasilien, 1500-1640, ob. cit.*, que contém em anexo as leis mais importantes. Poder-se-á consultar igualmente o artigo de MATHIAS KIEMEN, "The indian policy...", cit., o artigo de B. PERONNE-MOISÉS, "Índios livres e Índios escravos: os princípios da legislação

Desde 1556, institui-se uma junta para tomar as medidas necessárias a garantir a segurança dos Índios protegidos pela Companhia. São estas medidas que vão inspirar a primeira lei sobre a liberdade dos indígenas do Brasil, adoptada por D. Sebastião em 1570. Esta lei proíbe a escravatura dos Índios convertidos. Só podem ser escravizados os Índios capturados no decurso de uma guerra justa declarada pelo soberano ou pelo governador geral, e os Índios que hajam combatido ou comido os portugueses, os seus escravos ou outros Índios. Além disso, a lei interdita a prática, então muito em voga, de tomar como escravos os Índios cativos de outros Índios [os chamados *Índios de corda* [66]]. Por fim,

---

indigenista do período colonial (séculos XVI a XVIII)", *História dos Índios do Brasil*, São Paulo, Editora Schwarcz, Lda., 1992, e a obra de DAURIL ALDEN, *The Making of an Enterprise. The Society of Jesus in Portugal, Its Empire, and Beyond, 1540-1750*, Stanford, Califórnia, Stanford University Press, 1996.

[66] Os Tupi praticam a antropofagia ritual. Eles capturam os seus inimigos e mantêm-nos cativos durante certo tempo, alimentando-os e chegando ao ponto de lhes dar uma mulher. Depois, quando chega a hora do sacrifício (que é uma honra para o prisioneiro), prendem-nos com uma corda e espancam-nos. Este ritual fascinou os primeiros viajantes no Brasil, que dele fizeram relatos detalhados; cf., designadamente, os textos de JEAN DE LÉRY (*Histoire d'un voyage fait en la terre du Brésil*, Paris, Hachette, 1995), HANS STADEN (*Nus, féroces et anthropophages, 1557*, Paris, Métailié, 1979), ANDRÉ THÉVET (*Le Brésil d'André Thevet, Les Singularités de la France Antarctique, 1557*, ed. de Frank Lestringant, Paris, Chandeigne, 1997), CLAUDE D'ABBEVILLE (*Histoire de la Mission des péres capucins en l'isle de*

determina a libertação de todos os escravos possuídos por alguém sem qualquer título para o efeito. A carta provoca naturalmente protestos veementes por banda dos colonos. Estes mostram ao monarca até que ponto as novas disposições colidem com os interesses económicos da província, onde a mão-de-obra se fazia sentir de forma drástica.

Inicia-se então um movimento pendular que se prolongará por quase dois séculos. A autoridade régia toma medidas que facilitam a captura e a escravização dos indígenas como medidas que relembram a liberdade natural dos Índios e circunscrevem de forma estrita os casos de escravidão. Naturalmente, os jesuítas são, na maioria dos casos, os inspiradores destas últimas medidas. Assim, após uma vitória precária dos colonos em 1573, eles integram a junta que levou ao acordo de 1574, espécie de compromisso nos termos do qual a escravatura é autorizada em caso de guerra justa, mas também em caso de *resgate*. Em 1595, o rei restringe novamente as situações susceptíveis de permitirem a escravatura, precisando as condições em que uma

---

Maragnan et terres circonvoisins, etc., introd. de Alfred Métraux e Jacques Lafaye, Groz, Austria, 1963, fac-símile da edição de 1614) e YVES D'ÉVREUX (*Voyage au nord du Brésil fait en 1613 et 1614*, apresentação e notas de Hélène Clastres, Paris, Payot, 1985). Para uma análise comparativa dos diversos testemunhos sobre os ritos antropofágicos dos Tupi, cf. ALFRED MÉTRAUX, *Religions et magies indiennes d'Amérique du Sud*, Gallimard, Paris, 1967, pp. 43-79.

guerra pode ser considerada "justa". No ano seguinte, confia oficialmente o governo dos Índios aos jesuítas. A liberdade dos Índios é reafirmada num decreto de 1605, que lembra que a política da coroa em relação a eles tem como prioridade a sua evangelização, e posteriormente por uma lei de 1609. Esta última proíbe absolutamente a escravização dos indígenas, fazendo lembrar em numerosos pontos as *leyes nuevas* de 1542 da América espanhola. Mas em 1611 o rei flexibiliza este quadro jurídico, permitindo a escravização dos Índios "de corda". A duração da escravatura dos Índios é, apesar de tudo, limitada a dez anos, considerados suficientes para pagar o "resgate" aos seus proprietários.

Durante todo o século XVII, assistimos ao mesmo combate, pontuado por intervenções do poder central em favor de um ou de outros dos contendores. O conflito não versa apenas sobre as questões da liberdade e do governo dos Índios. De facto, é igualmente em torno da ocupação do interior do país que se defrontam jesuítas e colonos. Os primeiros decidiram instalar-se nessa zona e esforçam-se por afastar os colonos. Tudo fazem para ligar as "aldeias" do interior às *reducciones* do Paraguai. Já Nóbrega, pouco depois da sua chegada, chamava em diversas cartas a atenção do superior geral e de Santo Inácio para este problema. Em consequência, tal preocupação está presente, por diversas vezes, na pena dos missionários. Poder-se-á mesmo ir ao ponto de atribuir aos jesuítas a ambição de criar um verdadeiro

Estado nas terras do interior da América do Sul, uma República religiosa organizada para a defesa dos Índios? Alguns não hesitam em responder afirmativamente [67]. Seja como for, não poderá deixar de sublinhar-se a persistência com que a Companhia se empenhou, durante dois séculos, em preservar as suas aldeias nas zonas afastadas da colonização. Será necessária a intervenção do exército e a conivência dos dois reinos ibéricos para que os jesuítas acabem, enfim, por ser expulsos das regiões dos confins do Brasil e do Paraguai, após o Tratado de Madrid (1750). Os colonos, por seu turno, esforçam-se igualmente em ocupar o interior e explorar as suas riquezas. Desde o fim do século XVI, organizam expedições armadas, as "bandeiras" de que falámos atrás, que tentam subir os rios até aos extremos da "ilha" do Brasil e de empurrar deste modo as fronteiras fixadas à coroa de Portugal pelo Tratado de Tordesilhas. Estas incursões prosseguirão ao longo de todo o século XVII, praticamente até ao Tratado de Madrid, que reconhecerá a soberania portuguesa sobre as terras efectivamente ocupadas [68]. Encontramos

[67] Nomeadamente, o historiador OLIVEIRA MARTINS. Cf., por exemplo, *O Brasil e as Colónias Portuguesas* (1880), Lisboa, Guimarães, 1978.

[68] É o princípio do *uti possidetis* a que já se fez alusão. Note-se que bem mais de metade do território actual do Brasil deveria pertencer a Espanha se fosse aplicada a separação consagrada em Tordesilhas.

aqui o mesmo desiderato: ocupar o vasto território dos Índios.

Quanto à questão da mão-de-obra, terá sido verdadeiramente objecto de uma oposição tão radical como se diz entre os religiosos, preocupados em salvaguardar a liberdade dos indígenas, e os colonos, ávidos de escravos? É necessário responder cuidadosamente. É que os mesmos factores que permitiram o desenvolvimento de uma legislação protectora dos indígenas na América espanhola irão favorecer, no Brasil, uma certa aproximação de posições. Em primeiro lugar, os jesuítas não colocam entraves ao trabalho dos Índios agrupados nas suas aldeias. Aceitam perfeitamente que tais Índios trabalhem para os colonos, desde que sob o seu controlo. Os colonos, de seu lado, irão sugerir desde muito cedo às autoridades metropolitanas a introdução no Brasil de um modelo de administração decalcado sobre a *encomienda* espanhola. É certo que um tal sistema jamais será adoptado nas terras de Vera Cruz, em virtude, designadamente, da firme oposição da Companhia de Jesus. Mas a ideia de uma tutela sobre os Índios não foi difícil de aceitar. A questão estava antes em saber *quem* deveria exercer uma tal tutela. Por outro lado, o problema da mão-de-obra vai ser parcialmente resolvido pela introdução de escravos negros, que aparecem na província desde meados do século XVI, no momento em que se desenvolve a economia açucareira. Tratam--se principalmente de Sudaneses e de Bantos adquiridos pelos portugueses nas costas orientais de África [69]. De resto, são os mesmos que vão para a América espanhola. Mas no Brasil os colonos estão na origem da importação de negros de África, que começa antes de a coroa limitar a escravatura indígena. Disse-se que os negros eram mais aptos para o trabalho do que os Índios. A explicação é, porventura, mais simples. Capturar Índios comportava riscos não desprezíveis, já que os seus congéneres não hesitavam em organizar expedições punitivas. O certo é que, a partir do século XVI, a população de origem africana alcança, e depois ultrapassa, a dos Índios integrados na economia colonial. Estima-se que, entre os séculos XVI e XIX [70], cerca de 3,5 milhões de africanos hajam sido transportados para o Brasil.

De resto, os jesuítas usarão, eles próprios, escravos negros nas suas explorações. Como se não podem entregar em simultâneo ao cultivo da terra e à evangelização, pedem ao rei que lhes envie escravos para trabalharem as terras que lhes são cedidas em regime de sesmaria. Este pedido não deixa de suscitar interrogações, do mesmo modo que a posse de bens por parte da Companhia, que parece pouco compatível com o voto de pobreza dos seus membros. Certos padres conside-

---

[69] Cf. FRÉDÉRIC MAURO, *Le Portugal, le Brésil et l'Atlantique*, *ob. cit.*, pp. 171-177.

[70] No Brasil, a escravatura só foi abolida em 1888.

ram que a posse de escravos não deveria ser admitida, em consciência, quando se ignorasse se os mesmos haviam sido ou não capturados na sequência de uma guerra justa – e ainda menos se existisse uma convicção forte no sentido negativo! É o caso do padre Miguel Garcia, que confia os seus escrúpulos ao superior geral Aquaviva em 1583. É igualmente o caso do padre Gonçalo Leite, cujas tomadas públicas de posição causaram escândalo. Estas posições permanecem, no entanto, isoladas e, mais do que entrar em guerra aberta com os colonos, prefere-se reenviar as almas demasiado escrupulosas para a metrópole invocando a sua "inadaptação" [71]. Além disso, caso as dúvidas persistissem, os jesuítas podiam sempre consultar os seus doutores. E, entre estes, não se encontra uma condenação da escravatura em si mesma. Molina é formalista: é inútil procurar o apoio da "liberdade natural" para declarar a escravatura contrária ao direito – "este argumento prova tão-só que a escravatura é contrária à Natureza apenas do ponto de vista da constituição das coisas, sem ter em conta as circunstâncias que produziram esta instituição; seguindo esta primeira constituição, seríamos, como efeito, todos livres por natureza;

---

[71] Cf. Carlos Alberto Zeron, "Les Jésuites et le commerce d'esclaves entre le Brésil et Angola à la fin du XVIe siècle. Contribution à un débat", *Traverse – revue d'histoire*, número consagrado ao tema "imagens do outro", Zurique, 1996.

mas em razão da intervenção de outras circunstâncias, a escravatura foi instituída de forma lícita e justa pelo Direito das Gentes, que derrogou as regras nascidas da primeira constituição das coisas" [72].

O conflito entre jesuítas e colonos assume uma configuração bem distinta de um debate filosófico sobre a questão da "liberdade" dos indígenas. Trata-se de um confronto entre dois modelos de colonização. Os contendores das duas partes empenham-se em demonstrar que o sistema que propõem é mais favorável aos interesses do reino. Os jesuítas não hesitam em recordar até que ponto os "seus" Índios são úteis, já que combatem ao lado das tropas portuguesas. De seu lado, os colonos não perdem ocasião de semear a dúvida em relação às reais intenções dos padres: será seguro que os interesses da Companhia coincidam com os de Portugal? A coroa, por seu turno, na impossibilidade de investir em massa no Brasil, fica necessariamente refém das duas tendências. Cede quer a uma, quer a outra. Mas, pouco a pouco, em virtude do lento processo de fortalecimento do poder central que culmina na criação do Estado moderno, ela acabará por se impor. À semelhança do que ocorre na América espanhola, assistir-se-á no Brasil à lenta agonia das estruturas feudais ou quase-feudais instauradas nos alvores da colo-

---

[72] *Los Seis Libros de la Justicia y el Derecho, ob. cit.*, livro I, disp. XXXII, p. 466.

nização (^{73}), começando pela das capitanias-donatarias. A consolidação do poder central não será feita apenas em detrimento dos potentados locais. A coroa terá de se bater igualmente contra o poder adquirido pelas ordens religiosas, em particular pela Companhia de Jesus. Pombal, o ministro "iluminado" de D. José, é, ao mesmo tempo, o artífice da centralização moderna e o inimigo inveterado dos jesuítas, que expulsará do Brasil em 1759.

VIEIRA ANTES DAS MISSÕES

António Vieira nasce em 1608, em Lisboa. Aos seis anos de idade, parte para Salvador, para se juntar a seu pai, que aí exerce funções como escrivão do Tribunal da Relação da Baía. Possuímos poucas informações sobre a sua infância. Em todo o caso, sabe-se que frequentou o colégio jesuíta de Salvador, o primeiro estabelecimento de ensino no Brasil. O colégio, cujo reitor na altura era o padre Fernão Cardim (^{74}), superior da província, ministrava cursos para alunos "externos", dedicados ao estudo das artes ou das humanidades. Os padres observavam os jovens talentos e incitavam-nos a entrar na Companhia. Deve ter sido o caso do jovem António, que inicia o seu noviciado aos quinze anos de

---

(^{73}) Sobre este ponto, v. as considerações de SÍLVIO ZAVALA em *Las Instituciones Jurídicas en la Conquista de América, ob. cit.*, p. 202.

(^{74}) Autor dos *Tratados da Terra e da Gente do Brasil.*

idade. O ensino ministrado no colégio dava primazia ao estudo das Escrituras. Quanto ao resto, ministrava uma educação filosófica e moral baseada essencialmente num tomismo impregnado de influências escotistas[75]. Encorajam-se os talentos literários. O de Vieira é rapidamente descoberto, uma vez que o encarregam de redigir a carta anual destinada ao Geral, em 1626, apesar de ter apenas dezoito anos. A educação dos noviços não se circunscreve, todavia, ao plano intelectual, compreendendo ainda uma disciplina implacável. Os jovens recrutas aprendem as duas virtudes mais prezadas pela Companhia: a humildade e a submissão. A primeira é inculcada através de exercícios de mortificação, aos quais se devem entregar constantemente, muitas vezes diante dos colegas. A segunda através da exigência de uma obediência cega em relação a todo e qualquer superior hierárquico. Para eles, a Companhia torna-se mais do que uma família; ela exige um sacrifício permanente e total, tanto do corpo como da alma.

Para o jovem António, estes anos de aprendizagem são também os das primeiras temporadas entre os

[75] S. Tomás é o único autor cuja doutrina foi reconhecida como "doutrina oficial" da Companhia. Mas esta "vulgata" foi alvo de diversas distorções para responder aos gostos do tempo, que foram influenciadas pelas correntes nominalistas e voluntaristas emanadas, em particular, de Duns Escoto. Sobre este ponto, cf. DOMINIQUE JULIA, "Généalogie de la Ratio studiorum", in LUCE GIARD (dir.), *Les jésuites à l'âge baroque (1540-1640), ob. cit.*

Índios, nas aldeias administradas pela Companhia. Essas estadias faziam parte do ensino regular dos noviços, já que estes seriam destinados a trabalhar na província. Aí, Vieira terá sentido pela primeira vez o apelo da sua verdadeira "vocação". Ao que parece, terá mesmo manifestado o desejo de abandonar os estudos para se consagrar plenamente às missões[76], para desgosto dos padres, que queriam destinar um aluno tão brilhante a outros caminhos e que tiveram de insistir para que ele seguisse estudos de filosofia. Muito mais tarde, no crepúsculo da vida, tendo regressado ao colégio da Baía, desta feita para aí ensinar, aconselhará os jovens noviços que enfrentassem um dilema semelhante a preferir o apostolado à ciência.

Quando o filho de Deus vem exercer a sua missão neste mundo, a que ciência creis vós que Ele aplica a sua infinita sabedoria? – Ad scientiam salutis plebi ejus: *à ciência da salvação e apenas a ela. E não para a ensinar aos grandes deste mundo, mas à plebe, aos mais pequenos, aos mais menosprezados, aos mais miseráveis, que são os que mais necessitam de apoio. Em face deste exemplo verdadeiramente formidável, quem ainda quererá possuir uma graduação noutra ciência* [77]?

---

[76] SERAFIM LEITE, *História da Companhia de Jesus no Brasil*, IV, p. 6; cf. igualmente L. de AZEVEDO, *História de António Vieira*, I, Porto, 1992, p. 30.

[77] Exortação citada por H. CIDADE, *P. António Vieira, a Obra e o Homem*, Lisboa, Arcádia, 1979 (1.ª ed., 1964), p. 20.

Reflectirão tais palavras os estados de alma do jovem iniciado? É difícil afirmá-lo. O ancião que se dirige aos alunos do colégio de Salvador conheceu várias desilusões neste mundo. Na ocasião, pode estar a fazer crer que possuía uma vocação missionária de que foi afastado para sua grande desgraça. E o nosso jesuíta não hesita em forçar um pouco os factos quando se trata de cativar um auditório.

O certo é que Vieira mergulha, desde a mais tenra idade, no centro das preocupações políticas da província. Na altura, a primeira delas era a ameaça dos holandeses, que assediavam a costa brasileira desde finais do século XVI. Após uma trégua de doze anos com Espanha (1609-1621), o partido da guerra prevalece nas Províncias Unidas e é criada a *West-Indische Compagnie*. Os Estados Gerais colocam à sua disposição uma frota de uma vintena de navios e prometem subvenções anuais. Durante a trégua, os holandeses puderam verificar as riquezas do Brasil, onde comerciavam com frequência. Por este motivo, e também porque duvidam que o monarca espanhol ofereça resistência, a *West-Indische Compagnie* decide enviar uma expedição armada contra a Baía. Em 1624, Salvador cai nas mãos dos "hereges". Será libertada quase um ano mais tarde. Vieira relata os principais episódios desta epopeia na carta ânua ao Geral da Ordem. Não se esquece de realçar de passagem o papel heróico desempenhado pelos Índios governados pela Companhia, em contraste com a atitude de "numerosos negros da Guiné" e mesmo de alguns brancos, que não hesitaram em tomar o partido do agressor[78].

Mais tarde, em 1630, os holandeses apoderam-se de Recife e instalam-se na região de Pernambuco. Alguns anos depois, em 1637, as Províncias Unidas enviarão um militar – Johan Mauritius de Nassau – para administrar o território. Nassau, homem clarividente e político esclarecido, compreende logo quais são os elementos--chave para consolidar o domínio holandês. Por um lado, tentará instalar-se em África, com vista a assegurar o fornecimento de escravos negros a Pernambuco. São Jorge da Mina é ocupado em 1638. Depois, será a vez da costa de Angola. Por outro lado, percebendo a importância da questão religiosa, empenha-se em garantir a liberdade de consciência. Este sagaz político permite a coabitação de portugueses, de holandeses, de comerciantes judeus ou cristãos-novos. O Brasil holandês conhece então uma fase de prosperidade. Infelizmente, Nassau não será apoiado muito tempo pela Companhia das Índias Ocidentais, cujos dirigentes se mostram incapazes de olhar para além dos seus interesses de curto prazo. Em 1638, ordenam a realização de

[78] *Cartas*, I, pp. 3-74. Salvo indicação em contrário, as cartas de Vieira são citadas a partir da edição coordenada e anotada por JOÃO LÚCIO DE AZEVEDO, Imprensa da Universidade, Coimbra, 1925-1928 (3 volumes).

uma nova expedição contra a Baía, que é mal sucedida. Depois, deixam de enviar soldados. Ao mesmo tempo, sobrecarregam de impostos os plantadores portugueses, o que faz diminuir a produção. Por fim, após a partida de Nassau, em 1644, abandona-se a política de tolerância religiosa. Os colonos portugueses revoltam-se. É o prenúncio da expulsão, que terá lugar em 1654 [79].

António Vieira é ordenado padre em 1634, no momento em que a ameaça holandesa estava no seu auge. Salvador encontrava-se na altura em estado de alerta permanente. Vive-se na angústia da repetição de um golpe de mão semelhante ao de 1624. Neste contexto, não é de admirar que os primeiros sermões de Vieira assumam tonalidades marciais. Os sermões, deve sublinhar-se, tinham na altura uma função que é difícil compreender actualmente. Tratavam tanto de política como de religião, senão mais ainda. Por outro lado, todos os ouviam, pequenos e grandes. Como tal, eram um importante instrumento de propaganda [80]. Vieira

[79] Sobre o Brasil holandês, cf. FRÉDÉRIC MAURO, *Le Brésil du XVe à la fin du XVIIIe siècle*, S.E.D.E.S., Paris, 1977; A. H. DE OLIVEIRA MARQUES, "O império luso-brasileiro (1620-1750)", tomo VII da *Nova História da Expansão Portuguesa*, ed. Estampa, Lisboa, 1991 (v. sobretudo a primeira parte do livro, por JACQUES MARCADÉ, que contém uma bibliografia); C. R. BOXER, *The Portuguese Seaborne Empire*, 1969, parte I, cap. V.

[80] Sobre o papel dos sermões, cf. JOÃO FRANCISCO MARQUES, *A Parenética Portuguesa e a Restauração (1640-1668)*, Porto, Instituto Nacional de Investigação Científica, 1989.

é excepcional nessa prática. No seu sermão de Santo António, celebra a glória dos portugueses após a resistência heróica à expedição de Nassau de 1638. Mas para apreciar verdadeiramente a arte com que o pregador consegue combinar o religioso, o político e o militar, é necessário ler o espantoso sermão "pelo bom sucesso das armas de Portugal contra as da Holanda", proferido em Maio de 1640, numa altura em que o herege se encontrava de novo às portas de Salvador. De uma extraordinária virulência, procura dar coragem aos colonos cercados há quinze dias. Vieira chama Deus ao conflito. Irá Ele permitir que o Brasil caia nas mãos de calvinistas?

> *Olhai, Senhor, que vivemos entre gentios, uns que o são, outros foram ontem; e estes que dirão? Que dirá o tapuia bárbaro sem conhecimento de Deus? Que dirá o índio inconstante, a quem falta a pia afeição da nossa fé? Que dirá o etíope boçal, que apenas foi molhado com a água do baptismo sem mais doutrina? Não há dúvida, que todos estes, como não têm capacidade para sondar o profundo de vossos juízos, beberão o erro pelos olhos. Dirão, pelos efeitos que vêem, que a nossa fé é falsa, e a dos Holandeses a verdadeira, e crerão que são mais cristãos sendo como eles.*
>
> *(...)*
>
> *Considerai, Deus meu – e perdoai-me se falo inconsideradamente –, considerai a quem tirais as terras do Brasil, e a quem as dais. Tirais estas terras aos Portugueses a quem no princípio as destes; e bastava dizer a quem as destes, para perigar o crédito de vosso nome, que não podem dar nome de liberal mercê com arrependimento. Para que nos disse S. Paulo, que Vós, Senhor, quando dais, não Vos arrependeis:*

Sine pœnitentia enim sunt dona Dei? *Mas deixado isto à parte: tirais estas terras àqueles mesmos portugueses, a quem escolhestes entre todas as nações do mundo para conquistadores da vossa fé, e a quem destes por armas como insígnia e divisa singular vossas próprias chagas. E será bem, supremo senhor e governador do Universo, que às sagradas Quinas de Portugal, e às armas e chagas de Cristo, sucedam as heréticas listas de Holanda, rebeldes a seu rei e a Deus? Será bem que estas se vejam tremular ao vento vitoriosas, e aquelas abatidas, arrastadas e ignominiosamente rendidas?* Et quid facies magno nomini tuo? *E que fareis (como dizia Josué) ou que será feito de vosso glorioso nome em casos de tanta afronta?*

Tirais também o Brasil aos Portugueses, que assim estas terras vastíssimas, como as remotíssimas do Oriente, as conquistaram à custa de tantas vidas e tanto sangue, mais por dilatar vosso nome e vossa fé (que esse era o zelo daqueles cristianíssimos reis), que por amplificar e estender seu império.

Alguns meses mais tarde, em Dezembro de 1640, o duque de Bragança acede ao trono de Portugal na sequência de um levantamento popular contra os ocupantes espanhóis. É a Restauração. Logo que a notícia chega ao Brasil, em Janeiro de 1641 [81], Vieira coloca-se ao lado da nova dinastia, à semelhança da esmagadora maioria dos religiosos da sua ordem [82]. Embarca

[81] Este atraso fez com que o nosso activo pregador houvesse proferido um sermão à glória de Filipe II quando este já havia sido destronado na metrópole; cf. LÚCIO DE AZEVEDO, *História de António Vieira, ob. cit.*, p. 46.

[82] Cf. LÚCIO DE AZEVEDO, *História de António Vieira, ob. cit., ibid.* Sobre este ponto, v. ainda, além da já citada obra de JOÃO FRAN-

para Lisboa em 27 de Fevereiro. Em 30 de Abril encontra-se pela primeira vez com D. João IV.

Os doze anos que se seguem são completamente dominados pela política. Vieira torna-se um confidente próximo do novo monarca e da rainha. Prega muitas vezes em São Roque, a igreja dos jesuítas, mas também na capela real, no paço. Pode supor-se que esta nova vida o encanta e que gosta de discorrer perante um auditório mais vasto, mais nobre e mais poderoso. A que se deve o seu sucesso na corte e a predilecção de D. João IV por ele? Ao seu talento oratório? Ao seu discernimento como director de consciência? Às suas qualidades de conselheiro espiritual? Certamente a tudo isto. Mas a explicação não ficaria completa sem mencionar a estreita conexão, existente na época, entre as questões políticas e religiosas. Durante os anos de ocupação desenvolveu-se um messianismo nacionalista em torno da figura do rei D. Sebastião, desaparecido na batalha de Alcácer-Quibir (1572) mas cujo regresso numa manhã de nevoeiro era aguardado para inaugurar uma nova era de esplendor para o reino de Portugal [83]. Em

CISCO MARQUES, LUÍS REIS TORGAL, *Ideologia Política e Teoria do Estado na Restauração*, Coimbra, Biblioteca Geral da Universidade, 1981.

[83] Sobre o sebastianismo e o seu papel na Restauração de Portugal, cf., além das obras citadas na nota anterior, JOÃO LÚCIO DE AZEVEDO, *A Evolução do Sebastianismo*, Lisboa, ed. Presença, 1984 (1.ª ed., 1918); RAYMOND CANTEL, *Prophétisme et messianisme dans l'oeuvre d'António Vieira*, Paris, Ediciones Hispano-Americanas, 1960.

1640, a ideia de que D. João IV era o *desejado* surgiu naturalmente em muitos espíritos. Numerosos pregadores fazem eco dessa ideia, muitas vezes diante do próprio monarca, que recebe a homenagem com agrado. Ora, os jesuítas encontram-se seguramente entre os mais fervorosos partidários das ideias sebastianistas, que contribuíram para difundir durante o período da união real. O ramo português da Companhia sempre se mostrou, na verdade, muito "nacionalista" e hostil a Madrid. Após 1640, vai tornar-se o aliado mais forte da nova dinastia de Bragança no seu longo combate para consolidar a sua legitimidade no trono. Pequeno príncipe que se libertava do jugo de um grande rei, D. João IV encontrará nos jesuítas uma doutrina política bem adequada à sua causa. Em reacção às correntes nascidas na esteira de Maquiavel, os grandes autores da Companhia proclamam a limitação do poder do Príncipe pelo direito natural e, se for caso disso, a resistência à tirania [84]. É, pois, em Belarmino, em Suárez, em Mariana, que os juristas de D. João IV irão buscar os argumentos para combater as pretensões espanholas. Por seu turno, o monarca empenhar-se-á em assemelhar-se ao "Príncipe cristão" que corresponde ao ideal jesuíta. De resto, esta aliança tácita traz outras vantagens. No plano internacional, D. João IV

---

[84] Cf. R. BIERLEY, "Les jésuites et la conduite de l'État baroque", in LUCE GIARD (dir.), *Les jésuites à l'âge baroque, ob. cit.*

tem necessidade de reconhecimento, em especial por parte do Sumo Pontífice, que hesita em entrar em conflito com o poderoso monarca espanhol. Também aí a Companhia pode prestar serviços preciosos.

Tudo isto explica o ambiente de exaltação política e religiosa dos primeiros anos da Restauração portuguesa. Vieira formou-se numa atmosfera muito semelhante, em Salvador da Baía. Não é de admirar, pois, que se sinta na corte de D. João IV como peixe na água. Se antes de 1640 não parece ter sido partidário das ideias sebastianistas, rapidamente se converte ao messianismo lusitano [85]. Mais ainda, irá tornar-se um dos seus grandes teóricos, dando-lhe um fundamento bíblico e teológico. Em 1642, no sermão *Dos bons anos*, expõe a sua teoria do Quinto Império, adaptação da profecia de Daniel às aspirações messiânicas portuguesas e ao sonho de um império lusitano, simultaneamente espiritual e temporal, capaz de restabelecer a antiga grandeza. Estas ideias, como se sabe. Tornar-se-ão progressivamente a grande questão da sua vida.

Ao mesmo tempo, Vieira entrega-se aos negócios do reino. D. João IV envia-o em missão a Paris, depois a Amesterdão, a Londres, a Roma. Sem entrar em detalhe na actividade do jesuíta durante este período, assinalemos que o Brasil não está ausente das suas preocu

---

[85] Cf. R. CANTEL, *Prophétisme et Messianisme, ob. cit.*, pp. 92 ss., e LÚCIO DE AZEVEDO, *História de António Vieira*, I, *ob. cit.*, pp. 55 ss.

pações, ainda que não seja a questão do destino dos Índios que o ocupe, mas sobretudo a da revolta dos portugueses de Pernambuco, que conduz o reino a uma guerra com a Holanda. Vieira tenta encontrar uma solução para este conflito, fonte de despesas para a coroa numa altura em que prosseguia a guerra contra os espanhóis. Nesse sentido, proporá por diversas vezes a venda de Pernambuco aos holandeses, em troca da paz e das possessões portuguesas em África[86]. Os problemas suscitados pela rivalidade luso-holandesa estão igualmente na origem da sua proposta de criação de uma companhia de comércio das Índias, segundo o modelo da das Províncias Unidas, e que seria financiada com capitais dos judeus e dos cristãos-novos portugueses instalados na maior parte das grandes praças financeiras europeias[87]. Vieira compreendeu o enorme potencial destes comerciantes expulsos do reino *de jure* ou *de facto*. Advoga que fosse aliviado o jugo da Inqui-

[86] Sobre esta proposta, que valerá a Vieira o epíteto de "Judas do Brasil", cf. LÚCIO DE AZEVEDO, *História de António Vieira*, I, *ob. cit.*, pp. 116 ss. e LUÍS REIS TORGAL, *Ideologia Política*, I, *ob. cit.*, pp. 319 ss.

[87] Foi criada uma Companhia de Comércio, que gozava do privilégio de comerciar certos produtos com o Brasil. A sua existência será efémera. Sobre esta questão, cf. ISRAËL SALVADOR RÉVAH, "Les Jésuites Portugais contre l'Inquisition: la Campagne pour la fondation d'une Compagnie Générale du Commerce du Brésil (1649)", *Revista do Livro*, Rio de Janeiro, ano I, Dezembro de 1956, pp. 29-54.

sição que sobre eles impendia. Pede, nomeadamente, a abolição do poder de confisco do Santo Ofício, única medida capaz de atrair os capitais indispensáveis à recuperação por Portugal do seu império comercial e político.

Mas o nosso jesuíta leva longe demais o seu esforço e não deixa de criar inimigos. Antes de mais, suscita naturalmente a hostilidade do Santo Ofício. Desde essa altura, o tribunal começa a constituir um processo sobre os seus contactos com os judeus e os cristãos-novos. Este processo não deixa de aumentar até à abertura formal do seu juízo, em 1663. No entanto, as críticas que lhe são dirigidas não partem todas de dominicanos. Elas têm origem mesmo no interior da Companhia, que lhe reprova o seu ardor em participar nas questões mundanas. Mais grave ainda, Vieira faz-se valer da sua influência junto do rei para impor os seus pontos de vista sobre os assuntos internos da Sociedade como, por exemplo, ao tentar obter a partilha do ramo português. Vieira comete tantas imprudências que a Companhia acaba por considerar a hipótese da sua expulsão. Felizmente, D. João IV vai em seu socorro, concedendo-lhe publicamente a sua protecção[88]. Mas, após diversos erros, mesmo a confiança do monarca acaba por lhe faltar. O jesuíta cai então em semi-desgraça e começa-

---

[88] Cf. LÚCIO DE AZEVEDO, *História de António Vieira*, I, *ob. cit.*, p. 138.

-se a desejar ao mais alto nível o seu afastamento dos assuntos da corte.

Objecto de uma crescente hostilidade e constatando o fracasso das suas missões diplomáticas, Vieira projecta regressar ao Brasil, para as terras do Maranhão, onde a missão dirigida pelo padre Luís Figueira terminara abruptamente após o massacre dos religiosos na foz do Amazonas. Poderemos acreditar nele quando nos assevera que as suas decepções políticas provocaram-lhe um despertar da sua originária vocação de missionário dos Índios? Há uma parcela de inegável chantagem afectiva sobre o monarca e sobre o príncipe D. Teodósio no anúncio teatral da sua partida para o Brasil. E quando embarca, em Dezembro de 1652, espera até ao último momento ser chamado pelo rei[89]. Mas deixam-no partir, começando uma nova etapa da sua vida.

A ACTIVIDADE MISSIONÁRIA

O homem que desembarca em São Luís do Maranhão em 16 de Janeiro de 1653 é, pois, um político caído em

---

[89] Sobre os pormenores desta partida abrupta, cf. LÚCIO DE AZEVEDO, *História de António Vieira*, I, *ob. cit.*, pp. 174 ss. SERAFIM LEITE, na sua *História da Companhia de Jesus*, IV, pp. 32 ss., contesta a versão de LÚCIO DE AZEVEDO, mas sem trazer argumentos convincentes.

desgraça. É igualmente um religioso que regressa arrependido dos seus desvios mundanos e que, podemos supô-lo, procura recuperar a sua imagem no seio da Companhia. É este, porventura, o significado da confissão que faz ao príncipe D. Teodósio pouco depois da sua chegada: "Eu agora começo a ser religioso" [90]. Além disso, Vieira não é já o obscuro pregador de Salvador da Baía. Tornara-se uma grande personalidade, amigo do rei, protegido da rainha, confidente do príncipe. E espera utilizar bem a influência que lhe resta para fazer progredir a sua ordem na região [91].

Os jesuítas tentaram instalar-se no Maranhão desde o início do século XVII, antes mesmo de os portugueses terem efectivamente ocupado o território. Vieira evoca, na sua *Relação da Missão da Serra de Ibiapaba* [92], as primeiras expedições dos padres Francisco Pinto e Luís Figueira nestas paragens. O primeiro encontrou a morte em Ibiapaba, tendo o segundo de prosseguir sozinho a viagem. Segundo Lúcio de Azevedo [93], con-

[90] Carta de 25 de Janeiro de 1653, *Cartas*, I, p. 301.

[91] Carta ao provincial, *Cartas*, I, pp. 274-290.

[92] Vieira voltará a contar a história dos primeiros jesuítas no Maranhão na sua *Resposta aos capítulos que deu contra os religiosos da Companhia, em 1662, o Procurador do Maranhão, Jorge de Sampaio*. Este texto, juntamente com os principais textos "instrumentais" sobre os Índios, foram reunidos no volume V das *Obras Escolhidas* na edição de HERNÂNI CIDADE e ANTÓNIO SÉRGIO (Livraria Sá da Costa, Lisboa, 1951).

[93] Cf. *Os Jesuítas no Grão Pará. Suas Missões e a Colonização*, Coim-

segue afastar da região os rivais franciscanos, encarregados da conversão dos gentios por um decreto de 1618. Foi, no entanto, obrigado a pactuar com os colonos, que não queriam que os jesuítas se ocupassem dos Índios e que vão ao ponto de lhes proibir pura e simplesmente o acesso ao território do Pará. Em 1638, Figueira acaba, todavia, por conseguir obter de Filipe II um alvará que confiava o governo dos Índios aos religiosos da Companhia [94]. Tendo a restauração da independência portuguesa atrasado os preparativos da missão, Figueira parte apenas em 1643, acompanhado de catorze religiosos, mas naufraga ao largo de Belém e dá à costa na ilha dos Joanes [95], onde foi devorado pelos Aruã juntamente com a maioria dos seus companhei-

bra, Imprensa da Universidade, 1930 (1.ª ed., 1902). Sobre a rivalidade com os franciscanos a propósito do governo dos Índios no Maranhão, v. as já citadas obras de MATHIAS KIEMEN e DAURIL ALDEN. Cf. igualmente o importante estudo do primeiro destes autores, *The Indian policy of Portugal in the Amazon region, 1614-1693*, Catholic University of America Press, Washington D.C., 1054. Poder-se-á ainda consultar ANTÓNIO JOSÉ SARAIVA, "O P. António Vieira e a liberdade dos índios", *História e Utopia. Estudos sobre Vieira*, Lisboa, Instituto de Cultura e Língua Portuguesa, 1992.

[94] Este alvará surge na sequência de uma memória de LUÍS FIGUEIRA: o *Memorial sobre as Terras e Gente do Maranhão, Grão Pará e Rio das Amazonas*, que dará lugar a debates no Conselho de Estado em Madrid; cf. KIEMEN, *The Indian Policy, ob. cit.*, p. 52.

[95] A ilha dos Joanes é actualmente a ilha de Marajó. Vieira refere-se por diversas vezes a este incidente, nomeadamente no texto da *Relação*, cap. I.

ros. É para retomar este facho que Vieira decide partir para o Maranhão. Quando embarca para São Luís, em Dezembro de 1652, leva consigo uma carta do rei encorajando-o a realizar missões "para que essas terras sejam instruídas na nossa Santa Religião Católica". A carta confere-lhe ainda amplos poderes, determinando aos "governadores, capitães-generais, ministros da justiça e da guerra, capitães das fortalezas, assembleias e populações" que lhe prestem toda a assistência de que necessitar [96].

Os Índios do Maranhão eram regidos, ao princípio, pelo direito vigente no resto do Brasil. A lei de 1611 autorizava a captura e a partilha dos Índios no decurso de guerras justas, sob controlo do governador. Admitia ainda a escravização dos Índios "de corda" que não deveria, no entanto, prolongar-se por mais de dez anos. Contudo, a partir de 1626 – ou seja, dez anos após as primeiras capturas –, uma junta declarou a servidão perpétua dos Índios "de corda" cujo preço fosse superior a cinco machados [97]. O governador parece ter

[96] Carta de D. João III de 21 de Outubro de 1652, publicada por BERNARDO PEREIRA DE BERREDO, *Annaes Históricos do Maranhão*, 1749, p. 423.

[97] Cf. LÚCIO DE AZEVEDO, *Os Jesuítas no Grão-Pará, ob. cit.*, pp. 56 e 130. Uma junta formada pelo povo e a nobreza tinha o poder de suspender a aplicação de uma lei. Esta particularidade do direito português encontra-se também em Espanha, cf. GARCIA GALLO, "Las Etapas del desarollo del Derecho Indiano", in *Los Orígenes Españoles de las Instituciones Americanas, ob. cit.*, p. 11.

aceite de bom grado esta decisão, como de resto sucedeu com Luís Figueira, que participou na junta. É necessário referir que, em virtude da guerra com os holandeses e, depois, da ocupação das terras da África ocidental, se assistia então a uma "fome de negros" [98], não existindo mão-de-obra disponível entre os indígenas. A situação evolui pouco depois da expulsão dos holandeses (que ocuparam uma parte do território entre 1641 e 1644). Com efeito, para combater os intrusos foi necessário contar com o apoio dos Índios, o que implicava manter boas relações com eles. É neste contexto que surgem novas propostas em matéria de política indígena, sob influência do Conselho Ultramarino criado em 1642. Deste modo, o alvará de 10 de Novembro de 1647 [99] anula todas as normas que confiavam os Índios a administradores religiosos e laicos e decreta que devem ser inteiramente livres para trabalhar para quem melhor lhes pagar. Mas este texto parece não ter alcançado qualquer aplicação prática. Em face da escassez de recursos que permitissem uma intervenção efectiva da coroa, o Maranhão permanece, no plano dos factos, entregue aos colonos. O con-

---

[98] Cf. FRÉDÉRIC MAURO, *Le Portugal, le Brésil et l'Atlantique, ob. cit.*
[99] Cf. MATHIAS KIEMEN, *The Indian Policy, ob. cit.*, p. 65. O texto do alvará pode ser consultado no "Livro Grosso do Maranhão, 1.ª parte" (editado por Artur César Ferreira Reis), *Anais da Biblioteca Nacional do Rio de Janeiro*, vol. 66, 1948.

flito entre o capitão-mor[100] do Pará e o governador do Estado torna a situação ainda mais complexa, com aqueles a acusarem-se mutuamente de proceder a capturas ilegais. É então que o rei decide dividir o Estado em duas capitanias distintas: a do Maranhão, em torno de São Luís, e a do Pará, tendo por capital Belém (decreto de 23 de Fevereiro de 1652). Ao mesmo tempo, ordena a libertação de todos os Índios cativos e interdita a partir daí toda e qualquer forma de servidão dos indígenas[101].

[100] O capitão-mor, no início, era designado pelo capitão-donatário para o representar no local (vimos que, no século XVI, é frequente os donatários ficarem na metrópole, limitando-se a enviar os seus "homens de mão" ao Brasil). Não obstante, no momento em que nos situamos trata-se já de uma autoridade nomeada pelo rei para exercer funções militares e administrativas. É uma espécie de "governador" local, que MARCELLO CAETANO define do seguinte modo: "O governador [não confundir com o governador geral], chamado capitão, capitão-general ou capitão-governador, era o chefe administrativo, civil e militar, bem como o inspector das finanças. Dependia exclusivamente do rei, de quem recebia directamente instruções no momento da nomeação" ("História da administração colonial", lições de 1934 publicadas nos *Estudos de História da Administração Pública Portuguesa*, Coimbra, Coimbra Editora, 1994).

[101] Entre o alvará de 1647 e as ordens de 1652, foram tomadas diversas medidas. Registam-se, nomeadamente, dois textos sobre o trabalho dos Índios, datados respectivamente de 13 de Novembro de 1647 e de 9 de Setembro de 1648, no "Livro Grosso do Maranhão", *ob. cit.*; para mais detalhes, cf. LÚCIO DE AZEVEDO, *Os Jesuítas no Grão-Pará, ob. cit.*; ANTÓNIO JOSÉ SARAIVA, "O P. António Vieira...", *ob cit.*; MATHIAS KIEMEN, *The Indian Policy..., ob. cit.*

É precisamente após a chegada dos capitães-generais encarregados de fazer cumprir estas ordens que Vieira desembarca no Maranhão. Lúcio de Azevedo assevera que se não trata de uma coincidência e que o jesuíta havia tomado parte activa na feitura daquelas instruções. Este defende-se vigorosamente, na sua longa resposta, datada de 1662, das acusações formuladas pelo procurador do Maranhão, Jorge de Sampaio. Por outro lado, a carta que escreve ao Provincial durante a sua viagem em direcção à São Luís deixa transparecer uma vontade notória de evitar conflitos com os colonos a propósito da questão índia [102]. Trata-se portanto de um ponto duvidoso. O que é certo, em contrapartida, é que os colonos lhe atribuem sem hesitações a paternidade daquelas instruções. Pior ainda, mal chega ao Maranhão, os colonos revoltam-se contra os jesuítas, que ameaçam lançar ao mar em botes furados [103]. É necessário dizer que o capitão-general do Maranhão, Balthasar de Sousa Pereira, aguardou cuidadosamente a chegada de Vieira antes de divulgar as instruções reais...

---

[102] *Cartas*, I, pp. 274-290. Ver nomeadamente as considerações de Vieira sobre a delicada questão da confissão dos pecados cometidos pelos Índios (em particular a escravatura injusta).

[103] Sobre este ponto, cf. "Resposta aos capítulos que deu contra os religiosos da Companhia, em 1662, o Procurador do Maranhão", *Obras Escolhidas*, V, *ob. cit.*, pp. 230 e 240.

Vendo o estado de espírito dos colonos, Vieira compreende de imediato que é impensável aplicar as ordens do rei no Maranhão. É justamente por isso que vai rapidamente procurar uma conciliação. Antes de mais, admite que existem bons motivos para suspender as instruções, pelo menos parcialmente [104]. Depois, procura dissipar os receios dos colonos em relação aos jesuítas. Os objectivos da Companhia, diz ele, não são necessariamente opostos aos dos colonos, bem pelo contrário. Para provar a sua boa fé, toma a iniciativa de propor uma solução de compromisso sobre a questão dos escravos, satisfazendo simultaneamente os interesses dos colonos, dos capitães e dos religiosos. Em 2 de Março de 1653, expõe a sua proposta no sermão "das tentações", o primeiro que pronuncia no Maranhão [105].

Do alto do seu púlpito, o pregador começa por sublinhar os numerosos pecados dos colonos, dos quais se destaca a captura ilegal dos Índios. Sobre este ponto, tem mesmo palavras bastante duras.

[104] Num primeiro momento, os padres recusaram-se a assinar a petição dos colonos que solicitava a revogação pura e simples da lei. Para mais pormenores sobre a evolução da posição dos jesuítas após a chegada de Vieira, cf. LÚCIO DE AZEVEDO, *História de António Vieira*, I, *ob. cit.*, p. 186 e pp. 188-189.

[105] Cf. LÚCIO DE AZEVEDO, *História de António Vieira*, I, *ob. cit.*, pp. 188-189.

> *Todo o homem que deve serviço ou liberdade alheia, e podendo-a restituir, não restitui, é certo que se condena: todos, ou quase todos os homens do Maranhão devem serviços e liberdades alheias, e podendo restituir, não restituem; logo, todos ou quase todos se condenam.*

Mas ele encontra também um meio de remediar estes males a contento de todos. Por um lado, para apaziguar as consciências, pede que sejam libertados os indígenas capturados ilegalmente e que sejam deixados ir para as aldeias administradas pelo rei. Aí, acrescenta, estes Índios continuarão ao serviço dos colonos, durante seis meses, por um salário irrisório. Por outro lado, propõe a realização de expedições no sertão, com vista a trazer novos Índios para as aldeias. Estas expedições serão também ocasião, para os colonos, de "resgatar" escravos, que podem possuir em condições de inteira legalidade (e, pois, com a consciência tranquila): os Índios "de corda" e os feitos prisioneiros durante uma guerra justa. Deste modo, todos terão vantagens.

> *Estudei o ponto com toda a diligência, e com todo o afecto; e seguindo as opiniões mais largas e mais favoráveis; venho a reduzir as cousas a estado que entendo que com muito pouca perda temporal, se podem segurar as consciências de todos os moradores deste estado, e com muito grandes interesses podem melhorar suas conveniências para o futuro. Dai-me atenção.*
>
> *Todos os índios deste estado, ou são os que vos servem como escravos, ou os que moram nas aldeias de el-rei como livres, ou os que vivem no sertão em sua natural, e ainda maior liberdade, os quais por esses rios se vão comprar ou resgatar (como dizem) dando o pie-*

doso nome de resgate a uma venda tão forçada e violenta, que talvez
se faz com a pistola nos peitos. Quanto àqueles que vos servem, todos
nesta terra são herdados, havidos, e possuídos de má fé, segundo a
qual não farão pouco (ainda que o farão facilmente) em vos perdoar
todo o serviço passado. Contudo, se depois de lhes ser manifesta esta
condição de sua liberdade, por serem criados em vossa casa, e com
vossos filhos, ao menos os mais domésticos, espontânea e voluntariamente vos quiserem servir e ficar nela, ninguém, enquanto eles tiverem esta vontade, os poderá apartar de vosso serviço. E que se fará
de alguns deles, que não quiserem continuar nesta sujeição? Estes
serão obrigados a ir viver nas aldeias de el-rei, onde também vos servirão na forma que logo veremos. Ao sertão se poderão fazer todos os
anos entradas, em que verdadeiramente se resgatem os que estiverem
(como se diz) em cordas, para ser comidos; e se lhes comutará esta
crueldade em perpétuo cativeiro. Assim serão também cativos todos os
que sem violência forem vendidos como escravos de seus inimigos,
tomados em justa guerra, da qual serão juízes o governador de todo
o Estado, o ouvidor-geral, o vigário do Maranhão ou Pará, e os pre-
lados das quatro religiões, Carmelitas, Franciscanos, Mercenários, e
da Companhia de Jesus. Todos os que deste juízo saírem qualifica-
dos por verdadeiramente cativos, se repartirão aos moradores pelo
mesmo preço por que foram comprados. E os que não constar que a
guerra em que foram tomados, fora justa, que se fará deles? Todos
serão aldeados em novas povoações, ou divididos pelas aldeias que
hoje há; donde, repartidos com os demais índios delas pelos moradores, os servirão em seis meses do ano alternadamente de dous em dous,
ficando os outros seis meses para tratarem de suas lavouras e famílias. De sorte que nesta forma todos os índios deste estado servirão
aos Portugueses; ou como própria e inteiramente cativos, que são os
de corda, os de guerra justa, e os que livre e voluntariamente quiserem servir, como dissemos dos primeiros; ou como meios cativos, que
são todos os das antigas e novas aldeias, que pelo bem e conservação

*do estado me consta que, sendo livres, se sujeitarão a nos servir e aju-
dar ametade do tempo de sua vida.*

Em suma, Vieira propõe fazer tábua rasa e regressar à situação anterior a 1647, ou seja, no fundo, à lei de 1611. Em certos aspectos, as suas propostas são mesmo um retrocesso em relação àquela lei, pois que ele aceita o cativeiro a título perpétuo dos Índios "de corda". Não é, assim, de surpreender que os colonos hajam aderido às suas propostas. Na tarde do próprio dia em que proferiu o seu sermão, chega-se a acordo para as aplicar a título provisório[106], aguardando-se novas instruções da metrópole.

No que respeita a este último ponto, conta-se igualmente com a intervenção do jesuíta, uma vez que ele, no referido sermão, se comprometeu a pressionar o rei no sentido de este adoptar uma lei mais "razoável" sobre os Índios. É o que faz numa carta datada de 20 de Maio de 1653. As leis que proíbem os resgates e declaram livres todos os Índios, afirma ele, por muito louváveis que sejam, são inaplicáveis na prática, como sempre se verificou "e sobretudo neste ano de inquietações, devidas ao facto de os Índios serem o único remédio e apoio dos colonos, que não podem sobrevi-

---

[106] Vieira narra o episódio numa carta (*Cartas*, I, pp. 319-355). V. igualmente LÚCIO DE AZEVEDO, *História de António Vieira*, I, *ob. cit.*, pp. 192-193.

ver sem eles". É por isso que aconselha o monarca a tomar medidas mais realistas. Em simultâneo, advoga a renovação das expedições (as "entradas") destinadas a converter os Índios e, acessoriamente, a resgatar escravos para os colonos. Curiosamente, Vieira não deixa de sublinhar que a situação dos escravos dos colonos é menos penosa do que a dos Índios "livres" que se encontram nas aldeias do rei. Na verdade, declara-se chocado pela condição miserável dos "Índios do rei".

Os índios que moram em suas aldeias com títulos de livres são muito mais cativos que os que moram nas casas particulares dos portugueses, só com uma diferença, que cada três anos têm um novo senhor, que é o governador ou capitão-mor que vem a estas partes, o qual se serve deles como de seus e os trata como alheios; em que vêm a estar de muito pior condição que os escravos, pois ordinariamente se ocupam em lavouras de tabaco, que é mais cruel trabalho de quantos há no Brasil. Mandam-nos servir violentamente as pessoas e em serviços a que não vão senão forçados, e morrem lá de puro sentimento; tiram as mulheres casadas das aldeias, e põem-nas a servir em casas particulares, com grandes desserviços de Deus e queixas de seus maridos, que depois de semelhantes jornadas muitas vezes se apartam delas; não lhes dão tempo para lavrarem e fazerem suas roças, com que eles, suas mulheres e seus filhos padecem e perecem; enfim, em tudo são tratados como escravos, não tendo a liberdade mais que no nome [107].

Para minorar este escândalo, Vieira reclama o envio de padres ou, na falta destes, de mais religiosos. Estes

[107] Carta de 20 de Maio de 1653, *Cartas*, I, pp. 306-315.

ocupar-se-ão primordialmente da evangelização dos Índios das aldeias, que se encontra completamente negligenciada. António José Saraiva observa judiciosamente que a carta a D. João IV, de 20 de Maio de 1653, vai mais longe do que o sermão "das tentações". Este, limitava-se a propor novas *entradas* na selva, quase não falando da organização das aldeias. Na carta ao rei, ao invés, Vieira pede que seja limitado o poder dos capitães no governo temporal dos Índios livres – transferindo esse poder para os principais das aldeias – e que se transfira o seu governo espiritual para os religiosos.

Em todo o caso, Vieira consegue convencer o monarca da sageza das suas propostas, que são na sua maioria acolhidas na lei de 17 de Outubro de 1653 [108]. Esta lei revoga as disposições anteriores e determina que as assembleias do Maranhão e do Pará verificam a legalidade da situação dos escravos existentes. A lei define os casos de escravatura lícita, começando pelo que resulta da captura durante uma guerra justa. De acordo com as suas regras, é "justa" a guerra conduzida contra os Índios que se oponham à pregação do Evangelho, que hajam pactuado com o inimigo, praticado actos de banditismo ou, enfim, hajam impedido o comércio dos portugueses. Também é justa a guerra

---

[108] Para o texto da lei, cf. o *Livro Grosso do Maranhão, ob. cit.*, pp. 19-21, ou ainda BERNARDO BERREDO, *Annaes Históricos, ob. cit.*, pp. 426-429.

contra os Índios vassalos do rei que hajam faltado às suas obrigações em relação à coroa. A lei declara lícito o resgate de Índios "de corda" e dos que hajam sido reduzidos à condição de escravos por outros Índios, desde, no entanto, que estes hajam sido capturados no decurso de uma guerra "justa" entre tribos índias. A lei autoriza, por outro lado, as expedições (*entradas*) visando evangelizar os Índios e resgatar os escravos, desde que se realizem sob controlo dos religiosos. Por fim, determina que os Índios livres só devem ser usados para trabalhos de utilidade pública. Como se vê, foram atendidos, em larga medida, os pedidos do jesuíta.

Mas, em pouco tempo, Vieira mostra-se insatisfeito com esta lei, de que ele próprio, no entanto, havia sido em grande medida o inspirador. Quando é publicada no Maranhão, em 1654, ele já não partilha o entusiasmo dos colonos. É que, entrementes, diversos acontecimentos mostraram-lhe que as autoridades locais não estavam dispostas a participar no jogo. Vieira conseguiu realizar missões destinadas quer a evangelizar novas tribos quer a fornecer aos colonos os famosos Índios – "de corda" ou capturados em guerra justa. Porém, os capitães orientam a maior parte das missões em seu benefício. São feitas sem religiosos e, ainda pior, com religiosos corruptos, de modo que os capitães açambarcam os Índios e partilham-nos com os seus soldados. Vieira queixa-se longamente ao rei desta situação em duas cartas datadas de 4 de Abril de 1654. Na primeira, sob o pretexto de dar a sua opinião sobre a divisão do Maranhão em duas capitanias, queixa-se dos dois capitães-generais, de uma forma implacável. "Digo que menos mal será um ladrão que dois; e que mais dificultosos serão de achar dois homens de bem que um. Sendo propostos a Catão dois cidadãos romanos para o provimento de duas praças, respondeu que ambos lhe descontentavam: um porque nada tinha, outro porque nada lhe bastava. Tais são os dois capitães-mores em que se repartiu este governo". A segunda carta relata como, aquando das "entradas" no mato, o jesuíta ficou chocado com o cinismo dos militares, que cuidaram muito mais dos seus próprios interesses que da conversão dos gentios. Dois dias mais tarde, em 6 de Abril, Vieira escreve de novo ao rei. Esta nova lei é um longo discurso a favor de uma nova lei de protecção dos Índios. A lei de 1653, de facto, não lhe parece suficiente ([109]). Para mais, essa lei não é praticamente respeitada, como Vieira explica ao rei na *Infor-*

[109] A lei de 17 de Outubro de 1653 foi registada na Câmara de Belém do Pará em 3 de Junho de 1654 (cf. BERNARDO BERREDO, *Annaes Históricos, ob. cit.*, p. 426). Como observa LÚCIO DE AZEVEDO (*História de António Vieira*, I, *ob. cit.*, p. 211), deve ter chegado a São Luís antes dessa data, com os primeiros navios do ano. Não é seguro que a lei já houvesse chegado quando Vieira escreve as suas três cartas a D. João IV. Verifica-se que o capitão-general, com o acordo dos colonos e dos jesuítas, havia já posto em prática, provisoriamente, as propostas do sermão "das tentações" de Vieira, que eram muito semelhantes à lei.

mação sobre o modo como foram tomados e sentenciados por cativos os Índios do ano de 1655, não sem deixar de insistir no facto de que eram desconhecidas as disposições que determinavam que as "entradas" estivessem sob o controlo dos religiosos.

> *Sendo a lei do ano de 1653 tão larga e favorável para os moradores deste Estado, como testemunham as festas públicas com que foi recebida, os mesmos moradores a não guardaram em cousa alguma, antes a quebraram em tudo nas entradas, que logo fizeram, como agora se dirá*
>
> (...)
>
> *A segunda cláusula era que, para o exame dos cativeiros, fossem em companhia das tropas os religiosos que vão à conversão dos Gentios; e também esta se não guardou, porque todas as canoas e pessoas particulares acima ditas foram sem religiosos. E posto que nesta ocasião se acharam dois de Nossa Senhora do Carmo, no dito rio das Amazonas, andavam ao resgate de escravos na mesma forma que os demais. Só com o Capitão João de Betancor foi o Pde. Fr. António Nolasco, o qual, sendo religioso mercenário, cuja profissão é remir cativos, ia nesta tropa a fazer, como fez, grande quantidade de escravos; porque só à sua parte trouxe trinta e cinco, e os vendeu publicamente e outros jogou e ganhou aos oficiais e soldados da tropa, sobre que anda pleito em juízo* [110].

A carta de 6 de Abril propõe, assim, ao rei uma nova solução, o único capaz de pôr fim a todos os abusos. É necessário, diz ele, retirar o governo dos Índios aos

[110] *Obras Escolhidas*, V, pp. 39-41.

capitães-generais e aos militares, confiando-o aos religiosos. E, de modo a evitar-se conflitos, estes religiosos devem pertencer todos à mesma ordem.

> *O remédio, pois, Senhor, consiste em que se mude e melhore a forma por que até agora foram governados os índios; o que se poderá fazer mandando V. M. guardar os capítulos seguintes:*
>
> I. *Que os governadores e capitães-mores não tenham jurisdição alguma sobre os ditos índios naturais da terra, assim cristãos como gentios, e nem para os mandar, nem para os repartir, nem para outra alguma cousa, salvo na actual ocasião de guerra, a que serão obrigados a acudir, eles e as pessoas que os tiverem a seu cargo, como fazem em toda a parte; e para o serviço dos governadores se lhe nomeará um número de índios conveniente, atendendo à qualidade e autoridade do cargo e à quantidade que houver dos ditos índios. (...)*
>
> II. *Que os ditos índios estejam totalmente sujeitos e sejam governados por pessoas religiosas, na forma que se costuma em todo o Estado do Brasil; porquanto, depois de se intentarem todos os meios, tem mostrado a experiência que, segundo o natural e a capacidade dos índios, só por este modo podem ser bem conservados e conservarem-se em suas aldeias (...)*
>
> IX. *Que as entradas que se fizerem ao sertão as façam somente pessoas eclesiásticas, como V. M. tem ordenado aos capitães-mores sob pena de caso maior em seus regimentos, e que os religiosos que fizerem as ditas entradas sejam os mesmos que administrem os índios em suas aldeias: porque, sendo da mesma sujeição e doutrina, melhor os obedecerão e respeitarão, e irão com eles mais seguros de alguma rebelião ou traição.*

*X. Que pela causa sobredita, e por evitar bandos entre os ín-
dios, que naturalmente são vários e inconstantes e desejosos
de novidades, e para que a doutrina que aprenderem seja a
mesma entre todos sem diversidade de pareceres, de que se
podem seguir graves inconvenientes, ainda que neste Estado
há diferentes religiões, o cargos dos índios se encomende a
uma só, aquela que V.M. julgar que o fará com maior intei-
reza, desinteresse e zelo, assim do serviço de Deus e salvação das almas como do bem público* [111].*

Quanto a saber que ordem seria a mais digna de
receber este quase-monopólio do governo dos Índios,
Vieira declara não querer pronunciar-se, já que pertence à Companhia de Jesus. Sugere, apesar de tudo,
ao rei confiar a tarefa aos capuchinhos de Itália, que
fizeram um excelente trabalho em Cabo Verde e na
Guiné. Mas, como é evidente, esta graça não convence
ninguém. Em verdade, é à Companhia de Jesus que
Vieira deseja que os Índios sejam confiados [112].

É, aliás, na sequência de uma deliberação dos seus
irmãos da Ordem que decide ir a Lisboa para defender
a sua causa junto do rei. Parte para a metrópole em
Junho de 1654, logo depois de haver pronunciado o seu
sermão mais célebre, o sermão "de Santo António aos
peixes".

[111] Cartas, I, pp. 431-441.
[112] Cf. ANTÓNIO JOSÉ SARAIVA, "O P. António Vieira e a liberdade dos Índios", ob. cit.

A estadia de Vieira em Lisboa (Novembro de 1654-
-Abril de 1655) culmina num duplo sucesso. Por um
lado, o rei nomeia um novo governador para a chefia
do Estado, André Vidal de Negreiros, militar nascido
no Brasil e que se destacara na guerra contra os holandeses (estes acabam de ser definitivamente expulsos de
Pernambuco). Apesar de o jesuíta e de o militar terem
tido no passado alguns diferendos, designadamente
sobre o conflito com os holandeses, quando Vieira propôs a venda do território de Pernambuco, estimam-se
mutuamente [113]. Vidal é o "homem forte" desejado
por Vieira para impor o respeito pelas leis metropolitanas. Ele dará provas disso desde que chega ao Maranhão. Mas, sobretudo, Vieira consegue que seja apro-
vada uma nova lei sobre os Índios, que foi preparada
por uma assembleia de que ele próprio fazia parte:

> *No ano seguinte, de 1655, sendo presente a Sua Majestade que
> na dita lei* [de 1653] *estavam insertas algumas cousas contra a
> mente e tenção de Sua Majestade, mandou logo Sua Majestade revo-
> gar e declarar por nula a dita lei, e que tudo o que se tivesse obrado
> por ela, se repusesse outra vez no primeiro estado; e assim se deu por
> ordem mui apertada ao novo governador do Maranhão, que estava
> para partir. E para Sua Majestade tomar a última resolução sobre
> esta matéria, mandou fazer uma junta de letrados, a que presidiu
> D. Pedro de Alecanstre, arcebispo eleito de Braga e presidente do Paço*
> [segue-se a lista dos participantes nessa assembleia].

[113] Cf. LÚCIO DE AZEVEDO, *História de António Vieira*, I, *ob. cit.*,
pp. 230-231.

A primeira cousa que se fez na Junta, foi ler o presidente todas as leis antigas e modernas que há sobre a liberdade e cativeiro dos Índios do Brasil; as propostas e respostas dos procuradores do Maranhão e Pará, a que se deu vista; as consultas do Conselho Ultramarino e alguns breves dos Sumos Pontífices, e todos os mais documentos que podiam servir para melhor inteligência da matéria. E dando-se a todos o traslado da lei e de alguns casos particulares sobre que se havia de votar, depois de oito dias em que se viram os sobreditos pontos, votaram todos uniformemente. Fez-se consulta a Sua Majestade, lançada pelo Dr. Marçal Casado, e conformando-se Sua Majestade com o parecer da Junta, mandou fazer uma nova e última lei, na qual pelas causas nela alegadas, resolve Sua Majestade que no Estado do Maranhão se não possam cativar Índios, salvo nos quatro casos seguintes:

Primeiro, em guerra defensiva ou ofensiva que nós dermos aos ditos Índios;

Segundo, se eles impedirem a pregação do sagrado Evangelho;

Terceiro, se estiverem presos à corda para ser comidos;

Quarto, se forem tomados em guerra justa, que uns tiverem contra os outros. E quando constasse que foram tomados em guerra injusta os ditos Índios, ainda no tal caso concede Sua Majestade que se possam resgatar e comprar aos Gentios que os tiverem por escravos, não para ficarem cativos, mas para servirem cinco anos em satisfação do preço que se tiver dado por eles.

Esta é a substância desta última lei de Sua Majestade, na qual dispõe e manda outrossim Sua Majestade, que sejam também julgados por ela todos os Índios que se tiverem resgatado por virtude da lei de 1652 [114].

---

[114] *Informação sobre o modo como foram tomados e sentenciados por cativos os Índios do ano de 1655*, in *Obras Escolhidas*, V, pp. 37-38. O resumo que Vieira faz das disposições legais que admitiam a escra-

A nova lei estabelece, pois, condições um pouco mais estritas para a captura e a sujeição dos indígenas. Por exemplo, limita a cinco anos o cativeiro dos Índios resgatados. Por outro lado, insiste na ideia de que uma guerra, para ser justa, deve ser autorizada pelo rei. Todavia, estas novidades não são significativas. À semelhança da lei de 1653, a de 1655 reproduz o normativo clássico das leis de 1611 e de 1595. Está-se longe, em todo o caso, da ousadia da lei de 1647 ou da sua parente longínqua, a lei de 1609, que proibia toda e qualquer forma de escravização dos Índios.

O interesse principal da lei é doutra ordem. Encontra-se na circunstância de proibir aos governadores e aos capitães-generais de enviarem militares para as aldeias e de utilizarem os Índios livres em proveito próprio, em especial na cultura do tabaco. Mais ainda, onde a lei de 1653 exigia que os Índios fossem governados "pelos maiores da sua nação", esta de 1655 diz agora que devem ser governados "pelos padres e pelos maiores da sua nação". Estes padres são os jesuítas. Com efeito, o regimento que fixa as modalidades de aplicação da lei confere o governo dos Índios em exclusivo à Sociedade de Jesus. Ao mesmo tempo, em virtude desse regimento, as missões tornam-se um atributo exclusivo dos discípulos de Santo Inácio, devendo

vatura é bastante fiel. Pode consultar-se o texto da lei no *Livro Grosso do Maranhão*, *ob. cit.*, pp. 25-28.

o governador prestar-lhes o apoio de que necessitem [115]. Os pedidos insistentes de Vieira foram, pois, atendidos. Este recordará, mais tarde, na sua resposta ao procurador Sampaio, até que ponto a lei e o regimento estavam estreitamente associados. Visavam três objectivos principais. O primeiro consistia em lembrar que uma guerra justa não pode ser levada a cabo sem decisão régia. O segundo e o terceiro, menos importantes aos seus olhos, respeitavam à administração dos Índios e à organização das missões, respectivamente.

O primeiro [objectivo], *que aos índios gentios se não faça guerra ofensiva sem ordem de Vossa Majestade, nem se lhe faça injúria, violência ou moléstia alguma, e somente se possam resgatar deles os escravos que forem legitimamente cativos, para que com este bom trato queiram receber a Fé e se afeiçoem à vassalagem de Vossa Majestade e a viver com os Portugueses. O segundo, que os índios cristãos e avassalados que vivem nas aldeias não possam ser constrangidos a servir mais que no tempo e na forma determinada pela lei, e que no demais vivam como livres, que são e sejam governados nas suas aldeias pelos principais da nação e pelos párocos que deles têm cuidado. Terceiro, que os missionários façam as missões ao sertão com tal independência dos que governam, que eles não possam impedir as ditas missões, antes lhe dêem todo o favor e ajuda para elas, e a escolta de soldados que for necessária, quando se houverem*

[115] Cf. MATHIAS KIEMEN, *The Indian Policy...*, *ob. cit.*, p. 98. Em nota, KIEMEN fornece o trecho em causa do regimento, que não pudemos consultar na íntegra. A partir da obra de KIEMEN, o regimento foi publicado nos *Annaes da Bibliotheca e Archivo Público do Pará*, I (1902), pp. 25-45.

de fazer por passos perigosos. E porque dos capitães depende o comedimento ou desordem dos soldados, [foi decidido] *que a pessoa que os ditos governadores houverem de eleger por cabo deles seja o que o Superior dos ditos missionários julgar por idónea e conveniente para isso* ([116]).

Em suma, aos jesuítas são atribuídos plenos poderes em matéria de política índia. Directores espirituais das aldeias, governarão os Índios "livres" sem temer a intromissão dos poderes locais. Responsáveis pelas missões, irão sozinhos contactar os Índios do sertão e decidirão livremente sobre o modo como serão repartidos entre os colonos, quer como escravos, quer como trabalhadores "livres".

A nova lei de 1655 não foi feita para agradar a todos. O poder dos capitães, em particular, é drasticamente reduzido. Como era de prever, ela foi acolhida numa atmosfera de grande agitação. André Vidal de Negreiros tem de mostrar toda a sua firmeza, não hesitando a reenviar para a Europa o capitão de Gurupá e o capitão-general do Pará, que se insurgiram contra as novas regras ([117]). Mas como a força não dava os seus frutos, tentou-se inflectir a rigidez do novo texto explorando as suas numerosas lacunas e ambiguidades. Isto faz com que Vieira produza três pareceres sobre a boa

([116]) *Obras Escolhidas,* V, p. 267.
([117]) *Idem,* p. 235.

interpretação da lei[118]. De passagem, reitera os seus pontos de vista sobre a questão da administração das aldeias e afirma sem hesitações que "havendo capitão português nas aldeias, ou havia de fazer o que quisesse ou havia de jogar as pancadas com o pároco" [119]. Um capitão ameaça matar à paulada os Índios que, no decurso do controlo exigido por lei, neguem que haviam sido capturados quando se encontravam prestes a ser devorados. Outro, insatisfeito com o resgate de alguns verdadeiros escravos existentes numa aldeia, declara ao principal que lhe deve trazer um número bem maior de homens e ameaça os Índios se estes lhe não levarem o número exacto de "escravos" que exige. A *Informação sobre o modo com que foram tomados e sentenciados por cativos os Índios do ano de 1655* [120], da qual extraímos já algumas passagens, abunda em episódios semelhantes, mostrando como são defraudadas as instruções régias. E, evidentemente, Vieira não se esquece de referir a cumplicidade dos capitães e dos religiosos de outras ordens.

[118] "Parecer sobre a conversão e governo dos Índios e gentios", "Responde-se ao segundo papel que tem o título de 'Breve Notícia do Brasil e de quanto importa a sua redução, e por quem, e como se hão de governar" e "Direcções a respeito da forma que se deve no julgamento e liberdade no cativeiro dos Índios do Maranhão". Os três textos encontram-se publicados in *Obras Escolhidas*, V.

[119] *Obras Escolhidas*, V, p. 9.

[120] *Idem*, pp. 33-71.

Apesar destas dificuldades, Vieira, confiante no apoio do governador, pode, pelo menos, desenvolver o trabalho das missões. Entregar-se-á a ele, de modo infatigável, nos anos seguintes. Uma das primeiras missões realizadas sob o domínio da nova lei é justamente a de Ibiapaba, cujas peripécias foram objecto da *Relação da Missão da Serra de Ibiapaba*. Vê-se aí em que medida os esforços dos jesuítas são secundados pelos de André Vidal, que projecta construir uma fortaleza na foz do Camocim, com vista a promover o comércio da "madeira violeta". É que, como afirma o nosso jesuíta,

> Esta é a suavidade da Providência Divina, tantas vezes experimentada nas missões de ambas as Índias, onde sempre entrou e se dilatou a Fé levada sobre as asas do interesse [121].

Nestas condições, a evangelização dos Índios desenvolve-se a bom ritmo,. É possivelmente nesta altura que a Vieira é atribuído pelos Índios o cognome de *Payassu*, "o pai grande" [122]. As expedições penetram cada vez

[121] *Obras Escolhidas*, V, p. 84.

[122] Dever-se-á este cognome à sua estatura ou à sua popularidade entre os indígenas? Mais simplesmente, o epíteto pode ter-lhe sido atribuído em virtude da sua nomeação como visitador da província. Do mesmo modo, no Paraguai, o padre SEPP nota que os Índios designam *Payguaçu*, "isto é, pai grande" o padre provincial (cf. *Lettres édifiantes et curieuses des missions de l'Amérique méridionale*, Paris, Utz, 1991). Uma referência semelhante encontra-se em FERNÃO CARDIM, "Informação da Missão do P. Christovão Gouvéa às partes do Brasil", in *Tratados da Terra e Gente do Brasil, ob. cit.*

mais adentro das florestas, subindo os rios em direcção a terras desconhecidas. Deparam então com tribos de que se ignora tudo, a começar pela língua.

> *Manda Portugal missionários ao Mogol, à Pérsia, ao Preste João, impérios grandes, poderosos, dilatados, e dos maiores do mundo; mas cada um de uma só língua:* Ad populum profundi sermonis, et ignotae linguae. *Porém os missionários que Portugal manda ao Maranhão, posto que não tenha nome de império, nem de reino, são verdadeiramente aqueles que Deus reservou para a terceira, última e dificultosíssima empresa* [123], *porque vêm pregar a gentes de tantas, tão diversas e tão incógnitas línguas, que só uma cousa se sabe delas, que é não terem número*: Ad populos multos, profundi sermonis, et ignotae linguae, quorum non possis audire sermones [124].

Por outro lado – e Vieira insistirá muito sobre este ponto –, vão-se evangelizar tribos que até aí eram hostis e que a coroa tinha interesse em tornar aliadas. É o caso, nomeadamente, das populações que combateram

[123] Vieira comenta, nesta passagem, a profecia de Ezequiel (3, 4-5): "Filho de homem, dirige-te à casa de Israel, e leva-lhes as minhas palavras. És enviado não a um povo de linguagem incompreensível e bárbara, mas sim à casa de Israel".

[124] Sermão *do Espírito Santo*, pronunciado em São Luís por ocasião da partida de uma grande missão ao rio Amazonas (*Sermões*, edição completa com prefácio e notas do padre GONÇALO ALVES, Porto, Lello & Irmão, 1959, tomo V, pp. 397 ss.).

ao lado dos holandeses durante a guerra de Pernambuco [125].

Estas expedições não trazem apenas almas recém--convertidas. Fornecem também numerosos escravos. Pelo menos, é o que Vieira afirma na resposta ao procurador Sampaio [126]. Lúcio de Azevedo dá-nos a contabilidade das capturas e dos resgates que o nosso jesuíta atribui à Companhia: "Em 1657, missão dos padres Manuel Pires e Francisco Veloso ao Rio Negro, seiscentos escravos. Em 1658, outra ao mesmo rio pelos Padres Manuel Pires e Francisco Gonçalves: mais de setecentos; em 1659, pelos padres Manuel Nunes e Tomé Ribeiro, trezentos; em 1660, ao Amazonas, pelos padres Manuel de Sousa e Tomé Pires, trezentos. Sem contar os outros, que, trazidos por forros, e postos nas aldeias, para trabalharem coactos e por estipêndio miserável, voluntariamente se metiam na escravidão. O Tocantins era o grande manancial: em 1655 tinham de lá baixado com os missionários mil e duzentos Tupinambás, depois, em 1659, vieram cerca de mil. Agora tencionava Vieira persuadir os da grande ilha dos Joanes, que seriam, calculava ele, quarenta mil. Que

(125) Cf. as observações de ANTÓNIO JOSÉ SARAIVA, "O Padre António Vieira e a liberdade dos Índios", *ob. cit.*, pp. 38 ss.. Este autor levanta a hipótese de Vieira ter alimentado o desejo de se juntar às reduções jesuítas do Paraguai. Os argumentos que avança para fundar essa hipótese encontram-se naquela obra, na p. 41.

(126) "Resposta aos capítulos", *ob. cit.*, pp. 271-276.

minas mais ricas poderiam ter os colonos, que as desse ouro vivo convertido em trabalho?" [127]. Existe, sem dúvida, algum exagero neste impressionante inventário. A *Resposta aos capítulos*, em que se baseia Azevedo, é uma defesa contra as acusações do procurador Sampaio, que critica a Companhia por guardar todos os Índios para seu exclusivo benefício. É, pois, bastante provável que Vieira exagere os dados. Mas, em todo o caso...

Os colonos, todavia, não se mostram assim tão entusiasmados quanto ao número de Índios referido pelos jesuítas. Suspeitam mesmo que estes ficam com todos os indígenas para trabalharem nas suas culturas [128]. Acusação injusta, responde Vieira. Na verdade, se os colonos não recebem Índios, é porque os capitães ficam com eles para os venderem a preços proibitivos.

E posto que as ditas viagens ao resgate dos escravos seriam em grande utilidade do povo, se os ditos escravos se repartissem pelos moradores na forma em que o propôs e ajustou o Pde. António Vieira, feitas, porém, na forma em que se fizeram, vinha a ser esta a maior e a mais insofrível de todas as opressões, porque o dito ajustamento se não guardou, nem o voto e autoridade que nele tinham os oficiais da Câmara se lhes permitiu que a exercitassem, e se venderam e

[127] Cf. *História de António Vieira*, I, *ob. cit.*, p. 248.

[128] A acusação não é inédita, tendo já sido feita por Soares de Sousa no final do século XVI. Sobre este ponto, cf. DAURIL ALDEN, *The Indian Policy of Portugal in the Amazon Region, 1614-1693*, *ob. cit.*, pp. 479 ss..

repartiram os escravos daquela entrada, como pareceu a quem gover-
nava; e na entrada, como pareceu a quem governava; e na entrada
seguinte tomou todos para si e para seus criados, vendendo-se os ditos
escravos de 70 reais e 80 reais, sendo, que antigamente se vendiam
por 15 reais e 20 reais, e sendo outrossim que no dito ajustamento,
disposto por parecer do Pde. António Vieira, estava assentado que
metade de todos os escravos que se fizessem, seria para o povo, e que
se lhe dariam somente pelo custo que os ditos escravos houvessem
feito, que poderia sair, quando muito, a 4 reais por escravo [129].

Mais ainda, acrescenta ele, os colonos devem dar-se por satisfeitos quando os capitães não exportam os Índios para outro território, onde obterão um melhor preço! [130].

As explicações do jesuíta, todavia, não produzem efeitos. A Companhia é alvo de crescentes críticas. Desde a sua chegada àquele Estado, a sua única política foi a de subtrair aos colonos a mão-de-obra índia, a única disponível, sem a qual o Estado não podia sobreviver. Cada vez mais, ouve-se o troar do vento da revolta contra os padres. No começo do ano de 1657, Vieira sabe da morte do seu protector, D. João IV. A partir do ano seguinte, a Companhia vê serem-lhe retirados certos privilégios comerciais e fiscais no Brasil [131]. O vento muda. Em 15 de Janeiro de 1661, a câmara do Pará

[129] "Resposta aos capítulos...", *ob. cit.*, pp. 297-298.
[130] "Resposta aos capítulos...", *ob. cit.*, pp. 275-276.
[131] Cf. LÚCIO DE AZEVEDO, *História de António Vieira*, I, *ob. cit.*, p. 252.

envia a Vieira uma petição, solicitando que se realize com urgência ao resgate de novos escravos. Este responde que as missões forneceram diversos escravos e que o problema levantado pelos colonos resultava sobretudo da ausência de uma repartição justa e equitativa dos Índios cativos. Ao mesmo tempo, sugere pela primeira vez, ao que sabemos, a introdução no Maranhão de escravos africanos.

> (...) *E no que respeita ao remédio que propõem, que é o de capturar escravos no sertão, ainda que eu o aprove inteiramente, tendo-o mesmo pedido ao Rei, numa altura em que Sua Majestade insistia para que todos os Índios fossem livres, devo dizer que ela não é suficiente. Seja qual for o número de escravos capturados, a sua mortalidade é sempre mais elevada, como demonstra a experiência deste Estado e pôde verificar-se no Brasil, onde os habitantes jamais encontraram solução para o problema senão quando se decidiram a importar escravos de Angola. Com efeito, os Índios são menos aptos para o trabalho e resistem menos às doenças. Por outro lado, estando mais próximos das suas terras, desaparecem mais facilmente, seja porque se escapam, seja porque o mal do país os consome* [132].

Mas os colonos nem sempre se deixam convencer. Respondem aos argumentos do jesuíta: não pedem

---

[132] Cf. o texto completo da resposta ao Senado, datada de 12 de Fevereiro de 1661, em BERNARDO PEREIRA DE BERREDO, *Annaes Históricos do Maranhão*, 1749, pp. 451-455. O texto publicado in *Obras Escolhidas*, V, sob o título "Resposta ao Senado da Câmara do Pará sobre o resgate dos Índios do Sertão" (pp. 135-139), encontra-se incompleto e omite o trecho fulcral sobre os escravos.

nada de impossível, mas simplesmente a aplicação da lei de 1655. Ao mesmo tempo, não deixam de lembrar que a Companhia se comprometera a não tirar qualquer lucro dos Índios livres e nomeadamente a não os utilizar nas suas culturas de cana-de-açúcar [133].

Produz-se então um incidente de graves consequências. Uma carta que Vieira havia enviado em 1659 ao padre André Fernandes (que morreu nesse ano), e que se extraviara durante um naufrágio, aparece no Maranhão, onde é objecto de uma ampla difusão. Vieira queixa-se ao seu amigo, na altura confessor do rei, da actuação dos colonos e dos membros das ordens rivais da Companhia. Chega a pedir que o governo temporal e espiritual dos Índios seja de uma vez por todas confiado aos jesuítas. É a gota que faz transbordar o copo. Os habitantes de São Luís sublevam-se e atacam o colégio dos jesuítas, aos gritos de "fora os urubus!". O governador Pedro de Melo [134] não consegue acalmar os ânimos. Vieira, que se encaminhava na altura para a capital do Maranhão, é obrigado a mudar de rumo. Mas, ao chegar a Belém, encontra os colonos no mesmo

[133] Documento de 15 de Fevereiro de 1661 publicado por BERNARDO BERREDO, *ob. cit.*, pp. 455-460.

[134] André Vidal de Negreiros deixou o Maranhão em 1657, sendo substituído por Balthasar de Sousa Pereira (capitão-general no momento da chegada de Vieira ao Maranhão) que, por sua vez, cederá o lugar a Pedro de Melo em 1658 (sobre este ponto, cf. LÚCIO DE AZEVEDO, *História de António Vieira*, I, pp. 255 ss.).

estado de exaltação, dirigindo-se de novo a São Luís. Os jesuítas são expulsos do Estado. Apesar dos seus protestos perante a assembleia e o governador, o próprio Vieira é embarcado à força para a metrópole. Parte para Lisboa em 8 de Setembro de 1661 [135]. Nunca mais regressará ao Maranhão.

O regresso do pregador à metrópole assinala o fracasso da sua acção missionária. Apesar da sua actividade incansável junto dos indígenas e dos seus esforços incessantes para atrair a simpatia dos colonos, é obrigado a abandonar as aldeias e a renunciar às missões.

Estará este fracasso, como se diz, na origem da sua desgraça política, ou seja, do seu processo perante o Tribunal do Santo Ofício? [136]. Parece que não. Na verdade, são os colonos que expulsam Vieira, não a coroa ou os seus representantes. Quando chega à corte, o jesuíta é mesmo bem acolhido. Volta a mergulhar rapidamente na intriga política e torna-se o confessor de D. Pedro, por quem toma partido contra seu irmão,

[135] Sobre as peripécias da expulsão dos jesuítas do Maranhão, cf. LÚCIO DE AZEVEDO, *História de António Vieira*, I, pp. 282 ss.; Serafim Leite, *História da Companhia de Jesus no Brasil*, tomo IV, pp. 58 ss.; MAXIME HAUBERT, *L'Église et la défense des "sauvages". Le Père Antoine Vieira au Brésil*, Bruxelas, Académie Royale des Sciences d'Outre-Mer, 1964, pp. 97 ss..

[136] Cf., por exemplo, SERAFIM LEITE, *História da Companhia de Jesus no Brasil, ob. cit.*, p. 61; MAXIME HAUBERT, *L'Église et la défense des "sauvages", ob. cit.*, p. 112; JEAN DELUMEAU, *Le catholicisme entre Luther et Voltaire*, Paris, PUF, 4.ª ed. actualizada, 1992 (1.ª ed., 1971), p. 137.

D. Afonso VI. É este apoio, e não a sua actividade no Maranhão, que lhe vale ser "exilado" no Porto quando o jovem monarca desarma a intriga destinada a conduzir o seu irmão ao trono (Junho de 1662).

Antes disso, Vieira teve, no entanto, oportunidade de fazer o balanço da sua acção missionária no sermão da Epifania, pronunciado na capela real no Dia de Reis de 1662. É o seu sermão mais crítico em relação aos colonos e aos representantes do poder local. É também aquele onde se encontram as palavras mais corajosas sobre a igualdade dos homens, independentemente da sua raça ou da cor da sua pele.

> *Dos Magos, que hoje vieram ao Presépio, dois eram brancos e um preto, como diz a tradição; e seria justo que mandasse Cristo que Gaspar e Baltasar, porque eram brancos, tornassem livres para o Oriente, e Belchior, porque era preto, ficasse por escravo, ainda que fosse de S. José? Bem o pudera fazer Cristo, que é Senhor dos senhores; mas quis-nos ensinar que os homens de qualquer cor, todos são iguais por natureza, e mais iguais ainda por fé, se crêem e adoram a Cristo, como os Magos.*

As lições que Vieira retira da sua experiência missionária são amargas [137]. Nem os colonos, nem os militares, nem os representantes do rei do Maranhão

[137] O balanço será feito na resposta que ele redige, por intenção de D. Afonso VI, às acusações deduzidas contra si pelo procurador do Maranhão, Jorge de Sampaio. Nessa resposta, da qual já extraímos diversas passagens, o jesuíta passa em revista os seus oito anos de actividade missionária.

quiseram escutar a voz da justiça. Em boa verdade, a ligação dos últimos aos interesses da coroa é inversamente proporcional à distância que os separa de Lisboa. Quanto aos colonos, a situação não é melhor: como poderia ser diferente quando se enviam sobretudo criminosos e malfeitores para povoar aqueles territórios? Sobre este ponto, Vieira não engole as palavras:

> (...) *é cousa muito digna, não sei se de admiração se de riso, que no mesmo tempo em que se dá este regimento aos Governadores* [Vieira faz alusão ao regimento que contém os deveres de polícia dos governadores], *e nos mesmos navios em que eles vão embarcados, os povoadores que se mandam para as mesmas terras são os criminosos e malfeitores tirados do fundo das enxovias, e levados a embarcar em grilhões, a quem já não pode fazer bons o temor de tantas injustiças! E estes degradados por suas virtudes, e talvez marcados por elas, são os santinhos que lá se mandam, para que com o seu exemplo se convertam em gentios, e se acrescente a cristandade.*

Na corte, estas palavras não soaram necessariamente como um escândalo, já que aí se partilhava o desdém de Vieira em relação aos colonos. Desenvolve-se mesmo o projecto de enviar uma expedição ao Maranhão para afogar a revolta em sangue. Mas o reino atravessava então um período difícil, porque Espanha acabara de assinar a paz com a França, ameaçando de novo Portugal [138]. Devido à falta de meios para enviar tropas

---

[138] Cf. Lúcio de Azevedo, *História de António Vieira*, I, *ob. cit.*, p. 293.

além-Atlântico, transige-se com os colonos adoptando uma nova lei em 1663 [139]. Esta retira aos religiosos, jesuítas ou outros, todo o poder temporal sobre os Índios. As aldeias livres serão doravante administradas pelos chefes índios e pelo governo. Quanto às "entradas", serão conduzidas sob a supervisão das assembleias e com a mera participação dos religiosos, devendo todas as ordens estar associadas à partilha dos escravos. Por fim, a lei proíbe formalmente o retorno de Vieira ao Maranhão. É, aliás, numa situação de fragilidade que são feitas todas estas concessões. Numa junta de 1664, os colonos decidem suspender a lei. É preciso aguardar 1667 para que o governo consiga pô-la em vigor, e somente em parte. Em verdade, a situação no Maranhão é caótica. E assim continuará até 1680 [140].

Estes são os anos do processo de Vieira perante o Santo Ofício (1663-1667), depois da sua permanência em Roma (1669-1675). Durante este período, pouco se ocupa dos Índios do Brasil. É necessário esperar pelo seu regresso a Portugal para que de novo seja consultado sobre os problemas do Maranhão. Desde logo, num parecer de Julho de 1678 destinado ao Conselho Ultramarino, recorda as propostas feitas cerca de vinte

[139] O texto da lei encontra-se no *Livro Grosso do Maranhão*, *ob. cit.*, pp. 29-31.

[140] Sobre este período, cf. LÚCIO DE AZEVEDO, *Os Jesuítas no Grão Pará*, *ob. cit.*; MATHIAS KIEMEN, *The Indian Policy...*, *ob. cit.*, pp. 118-138.

anos antes. Segundo ele, constituem a única solução para restabelecer a paz e a ordem no Estado. Depois, no início de 1680, D. Pedro convoca uma junta para preparar uma nova lei sobre os Índios. Convidado a pronunciar-se, Vieira remete o seu "voto" ao duque de Cadaval, então presidente do Conselho [141]. Continua a considerar que o único meio de solucionar os problemas do Estado consiste em fornecer escravos negros aos colonos.

[141] O texto deste voto é, ao que cremos, a *Resposta a uma Consulta. Parecer ao Príncipe Regente sobre o Aumento do Estado do Maranhão e Missões dos Índios*, publicada na primeira edição das cartas (Lisboa, ed. da Congregação dos Oratorianos, 1735), na sequência de uma carta de Vieira ao duque de Cadaval datada de Março de 1680. HERNÂNI CIDADE, no tomo V das *Obras Escolhidas*, data esse texto de 1669, mas sem avançar argumentos sólidos. Limita-se a indicar que o texto foi publicado "sem data" na edição Seabra e Antunes (*Obras Várias*, edição de J. M. C. Seabra e T. Q. Antunes, Lisboa, 1856). No entanto, ele mesmo observa que o duque de Cadaval não é presidente do Conselho Ultramarino antes de 1670, o que torna a sua hipótese problemática. Quanto a nós, seguindo a doutrina tradicional e, com Lúcio de Azevedo, julgamos que o "voto" que Vieira diz, na sua carta de Março de 1680, remeter ao duque é a *Resposta*. A carta de Vieira faz também alusão a "um outro papel que redigira há algum tempo e no qual apresentava um esquema de governo dos gentios do Maranhão e do Grão Pará". Este papel será o segundo texto anexo à carta de Março de 1680 na edição de 1735? HERNÂNI CIDADE procurou demonstrar que este segundo texto (que tem por título *Modo como há-de se governar o gentio que há nas aldeias do Maranhão e Grão-Pará*) foi atribuído erroneamente a Vieira. Sobre este ponto, v. a nota de HERNÂNI CIDADE no tomo V das *Obras Escolhidas*, p. 1.

> (...) *não podem haver ao presente outros meios mais certos e efectivos,* [para a conservação e o desenvolvimento do Maranhão] *que os de meter no dito Estado escravos de Angola, e procurar descer dos sertões todos os índios livres que for possível, aplicando-se uns e outros ao trabalho e serviço de que, segundo seu natural, são mais capazes* [142].

Ao mesmo tempo, insiste para que as "entradas" sejam conduzidas sob a exclusiva responsabilidade de religiosos.

As normas da nova lei são ousadas. Não apenas confiam o governo dos Índios à Companhia de Jesus, como interditam as capturas e a escravatura, mesmo nos casos previstos nas leis anteriores (incluindo a de 1655). No que toca a este último ponto, a lei de 1 de Abril de 1680 situa-se na linha das leis radicais de 1647 e 1609, às quais se refere expressamente [143]. Mas se tais ousadias são permitidas, tal deve-se sobretudo ao facto de haver sido acolhida a sugestão de Vieira de introduzir, a expensas da coroa, escravos negros no Maranhão. O envio a esse Estado de 500 a 600 africanos por ano deve tornar supérfluo o recurso ao trabalho indígena. Pelo menos, era o que se esperava. Mas no terreno vai se perceber, uma vez mais, que a realidade é mais difi-

---

[142] *Obras Escolhidas, ob. cit.*, p. 318.

[143] Cf. o texto da lei no *Livro Grosso do Maranhão, ob. cit.*, pp. 51-56.

cil. Não serão necessários mais de quatro anos para que os colonos se tornem a revoltar de novo contra os jesuítas, e para que se chegue a um novo compromisso [144]. Mas, desta vez, Vieira não é já protagonista dos acontecimentos.

Com efeito, se Vieira regressa a Salvador da Baía em 1681 é sobretudo para terminar os seus dias numa espécie de semi-reforma. Em 1688, é nomeado visitador da província do Brasil. Mas na altura já era muito idoso. Não por acaso, a sua designação é acompanhada de uma dispensa que o autorizava a não ter de se deslocar para fora da cidade. Acima de tudo, ocupa-se outros trabalhos: a edição dos seus sermões e a empresa quimérica de proceder a uma exposição sistemática das suas ideias sobre o Quinto Império naquela que deveria ser a sua grande obra, a *Clavis prophetarum*. Mas isto não o impede de assinar, em 1694, três anos de morrer, um parecer muito interessante sobre a introdução no Brasil de um sistema decalcado sobre a *encomienda* espanhola. Texto de uma velhice já muito avançada, é também um dos textos de Vieira sobre a questão índia mais rico do ponto de vista argumentativo. Outra característica interessante deste parecer, onde já se pretendeu ver o "testamento" de Vieira em matéria de política índia, é que não será seguido pela

---

[144] Para mais pormenores, cf. MATHIAS KIEMEN, *The Indian Policy...*, *ob. cit.*, pp. 145 ss..

maioria dos padres da província do Brasil, nem mesmo pela metrópole.

Em 1697, Vieira morre em Salvador da Baía.

AS IDEIAS DE VIEIRA SOBRE O DIREITO DOS ÍNDIOS

Vieira não é um *teórico* do direito, nem sequer do direito dos índios. Os textos que nos deixou sobre a matéria são textos *de circunstância*. É evidentemente o caso dos textos citados atrás: comentários de leis, respostas a acusações dirigidas contra a Companhia, protestos ou queixas dirigidos aos poderes locais. É também o caso das cartas endereçadas ao rei ou aos superiores da Companhia. E o mesmo se passa com os sermões. Do alto do seu púlpito, o "Crisóstomo português" procura sobretudo cativar o seu público, ganhá-lo para a sua causa nas questões do momento. Também não se encontrará aí uma análise detalhada das relações entre a lei natural, a lei divina e a lei humana. Quanto aos escritos mais "teóricos" de Vieira, ou seja, os seus tratados proféticos e a sua defesa perante a Inquisição, pouco se debruçam sobre o problema dos direitos dos Índios. Se contêm algumas referências à conversão dos índios, é essencialmente para afirmar que ela integra a missão sagrada de Portugal e justifica o império espiritual e temporal de D. Sebastião [145]. Em suma, somos

[145] Cf., por exemplo, *História do Futuro*, cap. 12.º, *ob. cit.*,

conduzidos à seguinte constatação: ao que sabemos, não se encontra em lugar algum da obra escrita de Vieira uma exposição "teórica" ou "sistemática" das suas ideias sobre a condição dos Índios, sobre os fundamentos dos seus direitos, ou sobre a legitimidade do domínio português do Brasil.

Nestas condições, teremos de tentar reconstituir a "doutrina" subjacente à acção missionária de Vieira à semelhança de um *puzzle*, juntando as raras passagens onde ele se deixa levar para considerações de ordem geral ou a partir das referências que faz a outros autores. A tarefa nem sempre é fácil. Com efeito, em contraste com os seus textos messiânicos, Vieira é singularmente avaro em citações quando fala dos Índios. Antes de 1694, encontramos apenas uma tímida alusão a Molina na sua *Informação sobre o modo como foram tomados e sentenciados por cativos os índios do ano de 1655* [146]. A autoridade do teólogo jesuíta é invocada para condenar a prática que consistia em ter como legítimo o resgate de Índios feitos prisioneiros aquando de guerras tribais, já que tais guerras deveriam em princípio ser consideradas injustas. Algumas páginas mais à frente, Vieira invoca outras autoridades, os comentadores Baldo e Bár-

pp. 215 ss.. Sobre esta passagem, cf. MARCEL BATAILLON, "Le Brésil dans une vision d'Isaïe selon le P. António Vieira", *Bulletin des Études Portugaises*, publicado pelo Institut Français em Portugal, Nova Série, tomo 25, 1964.

[146] *Obras Escolhidas*, p. 160.

tolo, para recusar-se a atribuir valor probatório às confissões "espontâneas" dos Índios capturados no decurso das "entradas". Esclarecem-nos estas citações sobre o seu pensamento profundo? Infelizmente, não. Elas são, num caso como noutro, puramente instrumentais. Tratam-se de argumentos de advogado, cujo alcance não vai além do caso em apreço. Não deve esquecer-se que na época a "opinião comum dos doutores" é uma fonte de direito na verdadeira acepção da palavra [147]. Na altura, não estávamos pois muito mais avançados do que isso.

Felizmente, dispomos de um texto onde Vieira busca maior elevação. Trata-se do *Voto sobre as dúvidas dos moradores de S. Paulo acerca da administração dos Índios*, de 1694. Texto da velhice, é a opinião de um homem desligado das questões mundanas que se sente livre para exprimir os seus pontos de vista pessoais. De tal modo que as autoridades da Sociedade orientar-se-ão num sentido diametralmente oposto e pronunciar-se-ão contra as suas propostas. Pode legitimamente supor-se que, se Vieira nos deixou algo das suas convicções íntimas sobre a questão índia, sem fazer concessões às circunstâncias ou aos poderes do momento, foi neste texto que o fez.

O jesuíta debruça-se aí sobre o projecto dos habitantes de São Paulo para introduzir no Brasil um sis-

---

[147] Cf. N. J. ESPINOSA GOMES DA SILVA, *História do Direito Português. Fontes de Direito*, Lisboa, Fundação Calouste Gulbenkian, pp. 307 ss.

tema idêntico ao da *encomienda* espanhola. Naturalmente, aconselha o rei a não dar seguimento a este projecto. Em abono da sua argumentação, Vieira convoca dois autores: o jesuíta José de Acosta e o jurisconsulto Juan de Solórzano Pereyra. São dois autores de referência nestas questões, cuja autoridade é inquestionável. Não se trata, para mais, de espíritos particularmente arrojados. O seu mérito está sobretudo em apresentar de forma honesta as opiniões mais consistentes sobre a matéria. Não são, aliás, as suas posições doutrinárias que interessam a Vieira, mas sobretudo os textos legais citados nas suas obras. Em Acosta, retém sobretudo a referência a uma bula condenatória dos abusos a que deu lugar o sistema da *encomienda* espanhola. No que respeita às longas citações que extrai de Solórzano, reproduzem o texto de uma lei que proibia os administradores espanhóis de receberem os tributos dos Índios sob a forma de serviços de carácter pessoal. O objectivo de tais citações é manifesto. Vieira procura mostrar ao rei de Portugal que o sistema de *encomienda* produziu numerosos abusos no império vizinho, a ponto de o papa se haver impressionado e o rei de Espanha tido de intervir.

Ao fazê-lo, Vieira aproveita para evocar os "escrúpulos" que levaram o monarca espanhol a limitar os direitos dos *encomenderos* com vista a salvaguardar a liberdade dos Índios: "*porque aunque esto sea de alguna discomodidad, para los hespañoles, peza mas la libertad y conserva-*

cion de los Indios". A liberdade dos Índios e a sua preservação, diz a lei, pesam mais do que os interesses dos espanhóis. Por conseguinte, pesam mais do que os interesses dos habitantes de São Paulo. É aí que o nosso jesuíta quer chegar.

A liberdade dos Índios: eis, pois, o tema central do parecer. É ela que o monarca deve proteger "para satisfazer a sua consciência". É ela que Vieira invoca para condenar as propostas dos paulistas. É ainda em seu nome que propõe a sua solução para o governo dos indígenas. Como define Vieira tal liberdade? Trata-se de um direito e, mais precisamente, de um direito "natural". O texto assume neste ponto tonalidades decididamente "modernas".

> *A definição da liberdade, segundo as leis, é esta:* Naturalis facultas ejus, quod de se rebus suis quisque facere velis. *E consistindo a liberdade no direito e faculdade que cada um tem de fazer de si, isto é, de sua pessoa e de suas cousas o que quiser, combine-se agora tudo o que na sobredita administração* [a proposta pelos habitantes de S. Paulo] *se permite e concede aos administradores, e julgue-se se com mais razão se* [os Índios governados por aquela administração] *devem chamar cativos que livres: cativos nas pessoas, cativos nas acções, cativos nos bens, de que eram capazes, se trabalharam para si. De sorte que de si e de seu não lhes fica cousa alguma que por toda a sua vida não esteja sujeita aos administradores, não só enquanto estes viverem, senão ainda depois de mortos* [148].

[148] Este trecho e os seguintes foram tirados de *Obras Escolhidas*, V, pp. 340-358.

Por isso, o sistema proposto pelos colonos é inadmissível. Os Índios são naturalmente livres e não devem ser considerados como escravos. Nem escravos, nem sequer vassalos do rei.

(...) *sem embargo de tudo isto* [a sua captura e submissão pelos habitantes de São Paulo] *é que* [os Índios] *não são escravos, nem ainda vassalos. Escravos não, porque não são tomados em guerra justa; e vassalos também não, porque assim como o espanhol ou o genovês cativo em Argel é contudo vassalo do seu rei e da sua república, assim o não deixa de ser o índio, posto que forçado e cativo, como membro que é do corpo e cabeça política da sua nação, importando igualmente para a soberania da liberdade, tanto a coroa de penas, como a de ouro, e tanto o arco como o ceptro* [149].

Ignorando completamente este princípio, os colonos pretendem que o rei instaure um sistema administrativo que leve os Índios a uma sujeição absoluta. Este sistema, continua o nosso jesuíta, será a pior das iniquidades, a própria negação dos direitos mais elementares dos indígenas.

[149] Pode ainda ver-se, sobre este ponto, a carta de Vieira ao padre Manuel Luís de 21 de Julho de 1695 (*Cartas*, III, pp. 665 ss.). Nesta carta, Vieira critica os padres que não seguiram a opinião expressa no seu "voto". O próprio rei não é poupado. Ele invoca a este propósito o que terá afirmado perante o Conselho Ultramarino: "os Índios eram mais livres que SS. S.ªs., porque eles ao menos nasceram vassalos, e os Índios não, e eram tão absolutos senhores de suas liberdades como das suas terras".

> *Não é violência que se o índio, senhor da sua liberdade, fugir, o possam licitamente ir buscar e prender e castigar por isso? Não é violência que, sem fugir, haja de estar preso e atado, não só a tal terra, senão a tal família? Não é violência que, morrendo o administrador ou pai de família, hajam de herdar os filhos a mesma administração e repartirem-se por eles os Índios? Não é violência que se possam dar em dote nos casamentos das filhas? Não é violência que, não tendo o defunto herdeiros, possa testar da sua administração, ou entre vivos fazer trespasso dela a outro, e que experimentem e padeçam os Índios, em ambos os casos, o que sucede na diferença dos senhores aos escravos? Não é violência que, vendendo-se a fazenda do administrador, se venda também a administração, e que os índios com ela, posto que se não chamem vendidos, se avaliem a tal e tal preço por cabeça? Não é violência, enfim, que, importando a um índio para bem da sua consciência, casar-se com índia de outro morador, o não possa fazer sem este dar outro índio por ele?*

Vê-se, pois, que, para Vieira, a liberdade "natural" dos Índios traduz-se em direitos muito amplos: liberdade de movimentos, direito de gozar os frutos do trabalho, direito de casar, direitos políticos. Este catálogo não é ainda tão completo como o das nossas modernas declarações dos direitos do homem, mas não deixa de ser louvável ou impressionante.

Estaremos, no entanto, perante a ideia, que actualmente nos é familiar, de uma liberdade *absoluta* e *inalienável*, de um direito imprescritível reconhecido ao indivíduo, independentemente da sua raça e da sua religião? A resposta é forçosamente negativa.

Antes de mais, no espírito de Vieira, a ideia de "liberdade natural" é perfeitamente compatível com a escravatura. Se os Índios não são escravos é, diz-nos o texto, "porque não foram capturados no decurso de uma guerra justa". Caso contrário, o "direito das gentes" poderia assaz legitimamente ter derrogado o "direito natural". Era uma ideia corrente na altura, que encontramos nos autores clássicos da Companhia, nomeadamente Molina. Ideia que permite, de passagem, explicar porque motivo Vieira jamais proferiu uma palavra condenando a escravatura dos negros africanos. Consciente da miséria da sua condição, tem para estes palavras de consolação e de esperança. Mas nunca transparece nos seus escritos a mínima dúvida sobre o direito que o senhor possui em relação ao seu escravo negro. E chega mesmo a propor, por diversas vezes, a importação de escravos negros para o Maranhão. Podemos ficar muito espantados com isto, pensando encontrar aqui uma contradição em relação à atitude generosa do jesuíta em relação aos Índios [150]. A contradição é ultrapassada se observarmos que Vieira

[150] A maioria dos especialistas em Vieira não deixou de salientar a sua indiferença em relação à escravatura africana, que parece admitir sem dificuldades (v., nomeadamente, LÚCIO DE AZEVEDO, *História de António Vieira*, II, *ob. cit.*, pp. 235 ss.; MAXIME HAUBERT, *L'Église et la défense des "sauvages"*, *ob. cit.*, pp. 192 ss.; SERAFIM LEITE, *História da Companhia de Jesus no Brasil*, *ob. cit.*, p. 171). Sobre a questão, cf. o artigo de ANTÓNIO JOSÉ SARAIVA, "O P. António Vieira e a questão da escravatura dos negros no século XVII", *ob. cit.*

admite igualmente, em certas condições, a escravatura dos Índios. Na época, a afirmação da liberdade *natural* do indivíduo era perfeitamente compatível com a admissão da escravatura *jurídica*. Não nos espantemos, pois, por ver Vieira subscrever aquelas duas ideias em simultâneo [151].

Depois, notar-se-á que Vieira não pretende falar aqui de *todos* os Índios. O texto do *voto* é bastante claro a este propósito. Logo no começo, os primeiros parágrafos mostram que o autor não irá falar em termos genéricos, mas apenas dos Índios visados pelas propostas dos colonos.

> *Para falar com fundamento e clareza que convém, em matéria tão importante como da consciência, e tão delicada como da liberdade, é necessário, primeiro que tudo, supor que índios são estes de que se trata, e que índios não são.*
>
> *São pois os ditos índios aqueles que, vivendo livres e senhores naturais das suas terras, foram arrancados delas por suma violência e tirania, e trazidos em ferros, com a crueldade que o Mundo sabe, morrendo natural e violentamente muitos nos caminhos de muitas léguas até chegarem às terras de S. Paulo, onde os moradores delas (que daqui por diante chamaremos Paulistas) ou os vendiam ou se serviam e servem deles como escravos.*

[151] Recordemos a propósito que Vieira sempre defendeu que as "entradas" deveriam ter um duplo objectivo: trazer Índios livres para as aldeias e resgatar Índios escravos para os colonos.

É a propósito destes Índios, e só destes, que o nosso jesuíta refere "os escrúpulos e as dificuldades" que suscita a proposta dos colonos, para em seguida sugerir, "de acordo com a sua experiência, que soluções permitiram alcançar facilmente e sem hesitações os objectivos pretendidos". Os Índios em causa, revela-nos o resto do texto, são "vários milhares de almas que eles [os colonos] trouxeram das reduções do Paraguai, almas cristãs que os seguiram como se fossem os seus pastores". Este esclarecimento tem uma importância fulcral. Vieira fala da liberdade das "almas cristãs", ou seja, dos Índios convertidos, mais precisamente dos que estavam sob o governo dos jesuítas nas reduções do Paraguai.

Tal liberdade deve estender-se aos demais Índios? Tudo indica que não. Os tapuya selvagens, por exemplo, estão excluídos.

> *E começando por onde começam os Paulistas, dizendo que S.M. lhes concede a administração dos Índios, suposto não serem os ditos Índios capazes de se governarem por si, nem de se conservarem em uma vida de algum modo humana e política, nem de se estabelecerem de outro modo na santa Fé, se ficarem sem administradores sobre si; esta suposição na generalidade em que se toma, de nenhum modo se pode verificar nos índios de S. Paulo, porquanto os que os Paulistas traziam do sertão não eram Tapuias bárbaros, senão índios aldeados, com casa, lavouras e seus maiorais, a quem obedeciam e os governavam, com vida deste modo humana, e a seu modo política.*

A liberdade não é, assim, apanágio de todo o indivíduo; ela supõe um certo grau de civilização. Neste ponto, Vieira mostra-se um fiel discípulo de Acosta. Os bárbaros semelhantes às feras, que não conhecem nem leis, nem reis, nem magistrados nem república e que não possuem habitações, podem legalmente ser capturados e domesticados.

Quanto aos Índios "civilizados" – e, em consequência, "livres" – terão o poder de exercer de forma plena a sua liberdade "natural" e os direitos que lhe estão associados? Vieira não vai tão longe. Com efeito, quem se der ao trabalho de ler o resto do texto, aperceber-se-á que a opinião do jesuíta nesta matéria não é, no fim de contas, muito diferente daquela que reputa de inaceitável e é perfilhada pelos colonos. Os Índios livres, onde se integram as "almas cristãs" capturadas nas reduções do Paraguaia, devem ser considerados como "menores". É o que resulta do trecho da *Política Indiana* de Solórzano citado pelo nosso jesuítas, que refere o problema da vontade dos Índios, "*qui minorum jure et privilegiis utuntur*", que gozam dos direitos e privilégios dos menores. É certo que Vieira retira deste "privilégio" de menoridade um argumento para refutar a ideia segundo a qual a escravização dos Índios é possível com o seu consentimento. Afirma mesmo, a este propósito, que é nulo o acordo que implique a perda a título perpétuo da liberdade. Mas esse trecho não deve criar equívocos. Vieira admite sem problemas que a liberdade dos Índios possa ser restringida. Basta ver a sua resposta ao argumento dos colonos fundado na semelhança entre o tipo de administração que eles propõem e o que é praticado nas aldeias índias do Brasil sob a direcção dos padres.

O terceiro fundamento da dita sujeição e de não se poderem apartar os Índios das casas dos administradores paulistas, antes serem obrigados por força e com castigo a tornar para elas, é o exemplo que se usa nas aldeias do Brasil, em que, se fogem ou se ausentam os Índios, os obrigam que tornem e residam nelas; mas a razão da diferença é muito clara: porque os Índios do Brasil são naturais delas, onde têm seu domicílio e vivem como em terra e pátria própria e de sua nação, pais, avós, e como partes da mesma comunidade e membros do mesmo corpo político, que devem conservar e aumentar, e não diminuir nem desfazer.

Pode, pois, obrigar-se os Índios a permanecer nas suas aldeias, apesar da sua "liberdade natural". Na verdade, Vieira não é, de modo algum, contrário à ideia de que os Índios devem ser "administrados" e que tal administração implica restrições à "liberdade" que a natureza lhes confere. Os Índios são como as crianças ou os incapazes. Desse modo, devem ser postos sob "tutela". Também aqui não existe qualquer oposição fundamental entre Vieira e os colonos.

O único verdadeiro motivo de discórdia com os paulistas é a questão de saber *quem* deve exercer essa tutela. Para o jesuíta, será perigoso confiá-la aos colonos, pois isto abre a porta a todos os abusos. É neste sentido que invoca o precedente da América espanhola e das medidas tomadas contra os *encomenderos*, à semelhança do que faz com a sua própria experiência missionária no Maranhão.

Mas se, agora, examinarmos as soluções propostas por Vieira – que, segundo ele, "permitiriam obter facilmente e sem hesitações o que se pretende –, constataremos que elas correspondem, no essencial, em colocar os Índios em aldeias apartadas dos colonos, com os seus "padres" e os seus "administradores". Uma vez aí, continuariam a servir os portugueses. De que forma? A ideia é simples e faz lembrar as suas primeiras propostas, feitas logo após chegar ao Maranhão, em 1653. Os Índios, actualmente, encontram-se ilegalmente sujeitos aos paulistas e injustamente retidos longe da sua pátria. Deve dar-se-lhe a possibilidade de se libertarem sob condição de jurarem fidelidade ao rei de Portugal. Tornando-se assim vassalos de Sua Majestade, serão obrigados a pagar tributo. Ora, este bem poderá ser pago sob a forma de trabalho, durante alguns meses por ano, em benefício dos colonos. O resto do tempo, os Índios deveriam cultivar as suas próprias terras nas novas aldeias, pois é imprescindível que não caiam na ociosidade. Também os "administradores" poderão obrigá-los a cultivarem as suas terras. "*Obrigando-os com moderação de livres*", diz Vieira... Não precisa, contudo, quem poderiam ser estes administradores. Mas, em todo o caso, o seu pensamento é transparente.

POSFÁCIO | 211

Não nos iludamos, pois, sobre o sentido profundo desta *liberdade natural* tão cara a Vieira. Se bem que se trate de uma liberdade emanada da lei da natureza, perante a qual todos os homens são iguais, é susceptível de sofrer sérias restrições. Restrições conformes não apenas ao direito positivo, mas por vezes exigidas *para a maior glória de Deus*.

Assim delineada, a "doutrina" que subjaz ao *voto* está em perfeita harmonia com as posições defendidas por Vieira durante o seu período missionário no Maranhão. Em ambos os casos, o que requer é que a administração dos Índios seja confiada a homens responsáveis, ou seja, a homens que saibam velar pela *salvação* dos indígenas. Os Índios devem ser governados em vista do seu bem-estar espiritual. É por isso que não devem ser abandonados aos colonos, e ainda menos aos capitães e aos enviados do rei, uns mais corruptos do que outros. Só os *religiosos* podem desempenhar tal tarefa. Feita esta precisão, os Índios podem naturalmente trabalhar para os colonos e mesmo ser obrigados a servi-los. Vieira não afirmava algo diverso em 1662, quando regressou do Maranhão, no seu sermão da Epifania.

> *Quem tem obrigação de apascentar as ovelhas? O pastor. E quem tem obrigação de defender as mesmas ovelhas dos lobos? O pastor também. Logo o mesmo pastor que tem o cuidado de as apascentar, há-de ter, também, o poder de as defender. Esse é o ofício do pastor, e esse o exercício do cajado. Lançar o cajado à ovelha para a enca-*

minhar, e terçá-lo contra o lobo para a defender. E vós quereis que este poder esteja em uns, e aquele cuidado em outros? Não seja isso conselho dos lobos!

Deste modo, prossegue,

Não é minha tenção que não haja escravos; antes procurei nesta corte, como é notório e se pode ver da minha proposta, que se fizesse, como se fez, uma junta dos maiores letrados sobre este ponto, e se declarassem como se declararam por lei (que lá está registrada) as causas do cativeiro lícito. Mas porque nós queremos só os lícitos, e defendemos os ilícitos, por isso nos não querem naquela terra, e nos lançam dela.

Nunca foi intenção de Vieira subtrair os Índios à soberania portuguesa. Bem pelo contrário.

Cristo não consentiu que os Magos perdessem a pátria, porque reversi sunt in regionem suam: *e nós não consentimos que percam a sua pátria aqueles gentios, mas somos os que à força de persuasões e promessas (que se lhes não guardam) os arrancámos das suas terras, trazendo as povoações inteiras a viver ou a morrer junto das nossas. Cristo não consentiu que os Magos perdessem a soberania, porque reis vieram, e reis tornaram: e nós não só consentimos que aqueles gentios percam a soberania natural com que nasceram e vivem isentos de toda a sujeição; mas somos os que sujeitando-os ao jugo espiritual da Igreja, os obrigámos, também, ao temporal da coroa, fazendo-os jurar vassalagem . Finalmente, Cristo não consentiu que os Magos perdessem a liberdade, e nós não só não lhes defendemos a liberdade, mas pacteamos com eles e por eles, como seus curadores, que sejam meios cativos, obrigando-os a servir alternada-*

POSFÁCIO | 213

mente ametade do ano. Mas nada disto basta para moderar a cobiça
e tirania dos nossos caluniadores, porque dizem que são negros[152]*,*
e hão-de ser escravos.

Temos aqui uma boa ilustração do tipo de contrato
que Vieira sempre pretendeu assinar com os colonos. É
certo que o tom de Vieira é um pouco amargo em
1662, quando profere o seu sermão da Epifania. Acaba
de ser expulso do Maranhão e experimentou a impo-
tência das autoridades em face dos colonos. Mas isso
não o leva a renegar os princípios que guiaram a sua
acção missionária. Nem quer negar o papel missionário de Portugal e a legitimidade da sua soberania sobre
as terras da América. É com isso, aliás, que conclui o
seu sermão:

> (...) *porque o reino de Portugal, enquanto reino e enquanto monar-*
> *quia, está obrigado, não só de caridade mas de justiça, a procurar*
> *efectivamente a conversão e salvação dos gentios, à qual muitos deles*
> *por sua incapacidade e ignorância invencível não estão obrigados.*
> *Tem esta obrigação Portugal enquanto reino, porque este foi o fim*
> *particular para que Cristo o fundou e instituiu, como consta da*
> *mesma instituição. E tem esta obrigação enquanto monarquia, por-*

---

[152] Com efeito, a palavra "negro", no Brasil colonial, tanto
servia para designar os africanos como os Índios. Esta confusão
tem um significado: os Portugueses, como vimos, começaram por
conceber o Brasil como uma ilha ao largo de África, situada na
rota das Índias.

que foi este o intento e contrato com que os Sumos Pontífices lhe con-
cederam o direito das conquistas, como consta de tantas Bulas Apos-
tólicas.

Perante tais afirmações, a questão é pertinente: no fundo, qual a diferença entre a "filosofia" de Vieira e a que está implícita na atitude dos colonos ou a que inspira a política de conquista da coroa? É naturalmente complicado responder no que respeita aos colonos, pois que estes não possuíam uma "doutrina" estabelecida, agindo sobretudo de acordo com as circunstâncias e movidos pelos seus apetites, onde sobressaía o incentivo do lucro. É sobretudo a sua cupidez e os abusos a que ela conduz que Vieira lhes reprova. Mas tê-lo-á feito com a intransigência que seria de esperar? Não é certo. Durante a sua acção missionária no Maranhão, teve sobretudo a tendência de se aproximar deles e de tentar ganhá-los para a sua causa. Sem sucesso, decerto. Mas é inquestionável que as suas palavras mais duras vão quase sempre para os capitães e os representantes locais do poder central, não para os colonos.

A coroa, por seu turno, gostaria certamente de se apoiar sobre o "direito de conquista" emanado das bulas apostólicas a que se refere o sermão da Epifania. Mas ela sabe bem que esse "título" é débil e sujeito a caução, tanto em face das concepções políticas como das regras jurídicas da época. É por isso que, desde o século XVI, ela só invoca a "doação pontifícia" de forma prudente, e juntamente com outros títulos susceptíveis de justificar a soberania do Brasil, como a descoberta ou a ocupação efectiva [153]. Verifica-se, assim, que entre esta atitude circunspecta e a do jesuíta, não é forçosamente a última que mais se aproxima das nossas ideias "modernas". Antes pelo contrário! Como sublinha Hernâni Cidade, Vieira é o porta-voz de uma filosofia hierática, que proclama a inteira subordinação do político ao religioso. Para ele, o poder temporal está estritamente limitado pela sua finalidade espiritual e esta finalidade é bastante para lhe conferir legitimidade. É por isso que, contrariamente a Vitoria ou de Soto, lhe parece natural que o sumo pontífice possa conceder direitos territoriais aos príncipes cristãos. Esta filosofia não está completamente ultrapassada no século XVII. Ela possui mesmo certa importância, sobretudo nas alturas em que se procura o apoio da Igreja, como aconteceu após a Restauração portuguesa. Mas, pouco a pouco, em benefício da progressiva laicização da política e do direito, torna-se caduca. Eis aqui, porventura, a explicação para o progressivo descrédito do padre Vieira à medida em que se afirma a independência do reino. E não será também o motivo dos seus conflitos com os dominicanos e a Inquisição? É sabido que os pregadores, enquanto fiéis discípulos de S. To-

---

[153] Cf. PAULO MERÊA, "A solução tradicional da colonização do Brasil", ob. cit.

más, são particularmente ligados à distinção entre a ordem espiritual e a ordem temporal. Ora, entre as profecias de Vieira condenadas pelo Santo Ofício encontra-se designadamente a ideia de que os dois poderes se fundirão na cabeça do Imperador de Portugal e do Mundo... Não levemos longe de mais este paradoxo, que se arriscaria a apresentar, ainda que só desta feita, o odioso Tribunal no papel de defensor das "luzes" contra o "obscurantismo" da sua vítima. Mas devemos aceitar, no entanto, que a filosofia política de Vieira se encontra, em mais do que um aspecto, situada *no sentido inverso* da nossa "modernidade". E, entre esses aspectos, deve incluir-se, de modo insofismável, as suas concepções em torno da legitimidade da conquista da América.

Quanto à preocupação dos direitos do *homem*, ela é inteiramente estranha ao espírito de Vieira, pelo menos no sentido em que a tomamos nos nossos dias. São sobretudo os direitos *de Deus* e *da Igreja* que lhe interessam. Com efeito, no Maranhão reivindica sobretudo os privilégios do Senhor – e dos seus ministros na terra. Fá-lo, por vezes, com uma ingenuidade comovente. Deus permitiu as descobertas e a conquista, diz ele, mas fê-lo com um objectivo preciso: tratava-se de levar a boa nova às almas que não puderam escutá-la ou que a tinham esquecido. Em consequência, os reis de Portugal estão obrigados a promover a evangelização. Esta deve ser o *animus* da posse daqueles territórios, sem o qual a posse não se poderia transformar em proprie-dade. Para mais, quando os portugueses olvidam este dever sagrado, Deus pune-os retirando-lhes a sobera-nia sobre aquelas terras, como sucedeu aquando da invasão holandesa. O rei deve, pois, velar pelo respeito da sua missão no Brasil. E, do mesmo passo, velar pelo respeito aos jesuítas, que são os instrumentos privile-giados daquela missão, já que são eles que devem enca-minhar as almas ignorantes dos Índios à verdade de Cristo. Só assim os Índios poderão ser verdadeiros súb-ditos da coroa. É imperioso que o rei não dê ouvidos aos colonos ou aos militares, que ignoram que o domí-nio do corpo não tem qualquer legitimidade se não for precedido da submissão das almas. *E, acima de tudo, é necessário que respeite a ordem de prioridade entre a conquista das almas e a conquista dos corpos.* Eis o verdadeiro sentido do "combate" de Vieira na defesa da *liberdade* dos Índios. Liberdade paradoxal, já que deve ser respeitada com vista a *melhor submeter os Índios* ao duplo jugo do rei e da Igreja. No fim de contas, é disto que se trata: se Vieira procura proteger o *homem* livre é sobretudo para dele fazer um *cristão* livre e, portanto, um *sujeito* livre!

Estas ideias nada têm de profundamente original. Nos seus sermões e noutros escritos, Vieira mais não faz do que recordar a doutrina comum da Companhia de Jesus no Brasil. É certo que os padres não seguirão a sua opinião em 1694, mas tal fica a dever-se a duas razões conjunturais. No essencial, as afirmações do

"Crisóstomo português" coincidem com as que os jesuítas repetem ao longo dos séculos XVI e XVII. Já em 1549, o padre Nóbrega revelava objectivos espantosamente idênticos nas suas cartas. E, no plano teórico, as mesmas ideias são justificadas nos tratados dos grandes doutores da Companhia. Na verdade, não se encontram aqui as mesmas reservas dos autores dominicanos sobre o poder temporal do sumo pontífice. Não esqueçamos que os jesuítas, para além dos três votos tradicionais das ordens mendicantes, juram obediência ao papa. Não é pois de admirar que justifiquem a conquista através do direito de evangelização, confiado aos soberanos ibéricos pelas bulas pontifícias. Posto isto, Molina e Suárez admitem perfeitamente que esse direito seja imposto pela força, sempre que os Índios lhe coloquem entraves. Esta doutrina, para mais, não se limita ao Brasil. Em toda a América, a Companhia defende posições semelhantes. E continuará a fazê-lo no século XVIII, até à sua extinção.

Bem mais do que a "filosofia dos direitos do homem" ou mesmo uma vaga premonição desta filosofia, o que anima o padre Vieira no seu combate para "proteger" os Índios é o fervor religioso. Digno discípulo de Santo Inácio, Vieira é perpassado pelo espírito evangélico imbuído de crenças escatológicas e proféticas que caracteriza o nascimento dos tempos modernos e que, no sul da Europa, triunfa com a Contra-Reforma. Neste sentido, há claramente lugar a uma aproximação em relação ao padre Bartolomé de Las Casas [154], já que também o dominicano espanhol estava profundamente imbuído de ideias messiânicas. O seu combate em defesa dos Índios da América espanhola surge-lhe como uma "missão" divina, de que teve uma revelação súbita e quase mística. Dever-se-á levar mais longe o paralelismo entre estes dois homens? A questão é delicada. Em certos aspectos, o combate do dominicano parece bem mais radical do que o de Vieira e, em consequência, muito mais próximo de nós. Por exemplo, o seu empenho em mostrar que os indígenas americanos possuem a sua própria civilização, tão rica como as da Europa, seria inconcebível para o português. Mas, por outro lado, à semelhança do nosso jesuíta, Las Casas não tem qualquer problema em reconhecer o valor jurídico das bulas pontifícias que concedem os territórios do Novo Mundo aos reis de Espanha. As ambiguidades que encontrámos em Vieira aparecem também, ainda que num grau mais reduzido, em Las Casas. Elas expli-

---

[154] Já em 1896, MENDES DOS REMÉDIOS publicou um estudo intitulado "Las Casas e António Vieira" na revista *Instituto* (Coimbra, XVIII, 1896, pp. 122-125). O estudo é, infelizmente, inacabado e só contém a parte dedicada ao dominicano. Posteriormente, o paralelo entre o jesuíta e LAS CASAS será traçado diversas vezes (cf., designadamente, MAXIME HAUBERT, *L'Église et la défense des "sauvages"*, ob. cit., p. 245; CHARLES R. BOXER, *A Great Luso-Brazilian Figure. Padre António Vieira, S.J., 1608-1697*, Londres, The Hispanic & Luso.Brazilian Councils, 1957, p. 22; JEAN DELUMEAU, *Le Catholicisme entre Luther et Voltaire*, ob. cit., p. 154).

cam uma viva polémica que opôs, a propósito do célebre dominicano, alguns dos maiores historiadores do mundo ibérico [155]. Não pretendemos, como é evidente, entrar aqui nessa querela. Mas só a sua existência já prova que é necessário desconfiar do paralelo que se tende a fazer entre os sentimentos dos religiosos "protectores" dos Índios e os que estão na base da nossa concepção moderna dos "direitos do homem".

Uma última questão merece ser suscitada. Deveremos censurar Vieira por ter pensado e agido seguindo os quadros mentais da sua época? O importante, poderá dizer-se, é que combateu para melhorar o destino dos Índios, mesmo com todas as limitações que um tal combate necessariamente possuía no século XVII. De resto, o facto de um combate "nobre", o da protecção dos Índios, estar envolvido em interesses menos elevados, os da Companhia de Jesus para aumentar a sua

---

[155] A polémica sobre LAS CASAS centrou-se, após os anos sessenta, em torno da obra de RAMÓN MENENDEZ PIDAL, *El Padre Las Casas. Su Doble Personalidad*, Madrid, 1963. A unanimidade criada contra as teses bastante ousadas desta obra não deve fazer-nos cair no pólo inverso, ocultando aquilo que a obra de Las Casas comporta de exagero e, por vezes, de incompreensão ou deficiente assimilação da cultura jurídica do seu tempo. Para a polémica sobre Las Casas, cf. os *Études sur Bartolomé de las Casas* de MARCEL BATAILLON (Paris, 1966). Para um ponto de vista crítico de um historiador do direito sobre o pensamento jurídico de Las Casas, cf. ALFONSO GARCIA GALLO, "Las Casas jurista", in *Los Origenes Españoles, ob. cit.*, pp. 87-111.

influência, não é uma razão para o condenar sem mais. E ainda menos se deve criticar Vieira por ter actuado por motivos essencialmente religiosos.

Mas, uma vez mais, é necessário atender a outros dados. Desde logo, as "limitações" da época no plano intelectual não devem ser sobrevalorizadas. António José Saraiva recorda, a justo título, que existiram, desde o século XVI, vozes que denunciaram a escravatura dos negros africanos. Desde finais do século XVI, os jesuítas Gonçalo Leite e Miguel Garcia criticaram severamente a hipocrisia da Companhia, que possuía negros que sabia bem terem sido capturados de forma ilegal. Estas críticas valeram-lhes serem chamados à metrópole. Depois deles, o tráfico foi duramente posto em causa pelos dominicanos Tomás Mercado e Bartolomé de Albornoz. Este último não hesita mesmo a negar a legalidade da escravatura dos negros em quaisquer circunstâncias. Não era pois inconcebível, à época, ter levado um pouco mais longe do que fez Vieira a reflexão sobre a "liberdade natural"[156]. E, neste plano, deve constara-se que o "Crisóstomo português" não foi um espírito audacioso.

---

[156] Cf. ANTÓNIO JOSÉ SARAIVA, "O P. António Vieira e a questão da escravatura dos negros no século XVII", ob. cit., e CARLOS ALBERTO ZERON, "Les jésuites et le commerce d'esclaves entre le Brésil et l'Angola à la fin du XVIe siècle. Contribution à un débat", Traverse – revue d'histoire, Zurique, 1996/1.

No que respeita ao destino dos Índios é necessário perguntar se eram assim tão bem tratados, como se afirma, nas aldeias jesuítas. Seja-nos permitido duvidar desse ponto. Os padres estavam inegavelmente preocupados com a salvação dos indígenas, mas bastante menos com as suas condições materiais de vida. Vieira agradece ao Céu pelos numerosos Índios que morreram com poucos anos de vida, pois desta forma não tiveram ocasião de abjurar. Esta estranha afirmação, que se encontra também em Anchieta e noutros missionários jesuítas, diz bastante dos sentimentos "humanistas" que animavam os apóstolos. É certo que se não pode saber como teriam evoluído as aldeias do Maranhão, pois tiveram uma vida curta e difícil. Mas, a avaliar pelas missões jesuítas do Brasil e do Paraguai, cuja história se prolongou por mais de dois séculos, é duvidoso que os Índios teriam tido aí uma liberdade plena e completa. Nas *reducciones* os padres sujeitaram os Índios a uma disciplina férrea, forçando-os a trabalhar os campos à maneira europeia a fim de os "civilizar" e de lhes permitir acederem plenamente à fé. Este método teve sobretudo como efeito acelerar a extinção das sociedades indígenas, e não de melhorar a vida dos Índios[157]. Que as aldeias do Maranhão iriam pelo

---

[157] Sobre as aldeias do Paraguai, cf. a obra de MAXIME HAUBERT, *La vie quotidienne au Paraguay sous les jésuites*, Paris, Hachette, 1967, e bibliografia citada.

mesmo caminho é algo de evidente nos escritos do padre Vieira. Basta reler a *Relação da Missão da Serra de Ibiapaba*. Aí se vê, com efeito, até que ponto a principal preocupação dos padres, nos seus contactos com os Tobajara, era aliarem-se aos caciques e vencerem os xamãs, de modo a terem o conjunto da população sob controlo. E, depois, assim que eram aceites, apressavam-se a formar um "braço armado", que estava especialmente incumbido de zelar pelo respeito pela "lei de Deus e da Igreja".